Erstaunlich was die alles kann

Ist es mein Buch
oder das Buch einer KI?

Laurenz Gormanns

Text: Laurenz Gormanns / geschrieben mit ChatGPT
Veröffentlicht mit Unterstützung von Sascha Gormanns
Covergestaltung: Verlagshaus Schlosser
Umschlagabbildung: ChatGPT
Satz und Layout: Verlagshaus Schlosser
ISBN 978-3-7581-0074-1
Druck: Verlagsgruppe Verlagshaus Schlosser
D-85652 Pliening • www.schlosser-verlagshaus.de

Printed in Germany

Vorwort

Guten Tag,

zunächst möchte ich mich herzlich bei Ihnen bedanken, dass Sie tatsächlich dieses Buch in die Hand genommen haben und zumindest den Versuch wagen, es zu lesen. Mein Name ist Laurenz und ich kann Ihnen eines direkt vorweg sagen: Dieses Buch wurde von einer künstlichen Intelligenz verfasst. Aber was bedeutet das eigentlich? Heißt das, ich habe einfach mein Inhaltsverzeichnis eingereicht und gesagt: „Schreib mir ein Buch über 224 Seiten?“ Nun, leider ist es nicht ganz so einfach.

In diesem Buch steckt über ein Jahr Arbeit. Denn obwohl das Buch zum Teil von einer künstlichen Intelligenz geschrieben wurde, war es trotzdem sehr viel Arbeit.

Nebenbei, dieser Abschnitt hier wurde nicht von einer künstlichen Intelligenz geschrieben, genauso wie einige andere Abschnitte des Buches. Doch wie genau habe ich dieses Buch verfasst? Kann eine künstliche Intelligenz tatsächlich ein Buch schreiben? Grundsätzlich kann man sagen, dass keine der heutzutage existierenden künstlichen Intelligenzen aktuell dazu in der Lage ist, vollständig ein Buch zu schreiben. Sie können Informationen zusammentragen, die sich im World Wide Web befinden. Die Frage der sachlichen Richtigkeit und der Verarbeitung dieser Informationen ist dabei eine ganz Wichtige. Deshalb ist dieses Buch auch ein Experiment, das Sie, den Leser und möglicherweise wissenden Experten für das ein oder andere Thema, dazu anregen soll zu diskutieren, was die künstliche Intelligenz wirklich alles kann. In diesem Zusammenhang ist es auch wichtig sich bewusst zu machen, dass die Technik sich in ganz anderem Tempo, als wir es bisher gewohnt sind, weiter entwickelt und diese schon einen ganz anderen Stand haben wird, wenn Sie dieses Buch lesen.

Um ehrlich zu sein, im Nachhinein frage ich mich manchmal, ob es nicht einfacher gewesen wäre, das Buch einfach selbst zu schreiben. Die Vorarbeit, die man leisten muss, damit die künstliche Intelligenz überhaupt arbeiten kann, ist enorm, insbesondere auf einem hohen wissenschaftlichen Niveau. Ich bin sicher, dass einige von Ihnen, die dieses Buch lesen, vielleicht nicht genau verstehen, wovon ich spreche. Lassen Sie mich versuchen, es einfacher zu machen.

Ich habe die künstliche Intelligenz einmal gebeten, sich kurz zu erklären:

Ich: „Erkläre dich kurz, sodass es selbst jemand versteht, der von dieser Technik nicht viel Ahnung hat."

Antwort KI: „Ich bin ein Computerprogramm, entwickelt, um menschenähnliche Texte zu generieren und auf Fragen zu antworten. Ich verwende künstliche Intelligenz, um Texte zu verstehen und darauf zu reagieren. Sie können mir Fragen stellen oder Aufgaben geben, und ich werde mein Bestes tun, um Ihnen hilfreiche Antworten zu liefern. Mein Wissen basiert auf einer großen Menge an Texten, die ich gelernt habe und ich kann Informationen zu verschiedenen Themen bereitstellen. Wenn Sie etwas wissen möchten oder Hilfe benötigen, stehe ich zur Verfügung, um zu antworten."

Ich: „Erkläre auch, woher du dein Wissen hast."

Antwort KI: „Ich habe mein Wissen aus Texten und Informationen, die im Internet und in Büchern verfügbar sind, gelernt. Das Unternehmen, das mich entwickelt hat, hat eine umfangreiche Menge an Texten und Daten genutzt, um mich zu trainieren. Das Training umfasste eine breite Palette von Themen und Informationen, die bis zu meinem Wissensstichtag im September 2021 verfügbar waren. Es ist wichtig zu beachten, dass ich keine persönlichen Erfahrungen oder Meinungen habe. Mein Wissen basiert ausschließlich auf den Informationen, die in den mir zugänglichen Textquellen enthalten sind."

Man merkt relativ schnell, dass die künstliche Intelligenz ziemlich intelligent ist und Texte in allen möglichen Schreibformen wiedergeben kann. Im Prinzip gibt es keine Grenzen für das, was sie kann. Doch leider musste ich feststellen, dass der künstlichen Intelligenz doch Grenzen gesetzt sind. Sie kann zwar Informationen bis zum Jahr 2021 nutzen, doch sind diese oft auch nur oberflächlich.

Das bedeutet, man muss der Intelligenz Texte liefern, mit denen sie arbeiten kann. Man kann nicht einfach eine komplette Masterarbeit oder Doktorarbeit der künstlichen Intelligenz geben und sagen: „Schreibe sie so um, dass eine Plagiatssoftware sie nicht erkennt." Grundsätzlich würde das zwar funktionieren, aber die künstliche Intelligenz kann in einer Antwort nur bis zu 2048 Wörter wiedergeben, was bedeutet, dass vieles fehlen würde.

Mit anderen Worten, man muss Schritt für Schritt vorgehen, Thema für Thema so aufbereiten, dass die künstliche Intelligenz damit arbeiten kann und dann einen zusammenhängenden Text erstellen. Ein Text von 10.000 Wörtern erfordert tatsächlich auch Arbeit von einem selbst, denn das kann die künstliche Intelligenz nicht allein bewerkstelligen - zumindest nicht heute.

Wie viel Arbeit steckt also von mir in diesem Buch und wie viel von der künstlichen Intelligenz? Das ist schwer zu sagen, denn das Heraussuchen der Informationen und das richtige Aufbereiten für die künstliche Intelligenz waren die zeitaufwendigsten Aufgaben.

Wem gehört also dieses Buch? Dies ist schwer zu beantworten, denn ohne die Zusammenarbeit zwischen Mensch und Maschine wäre dieses Buch gar nicht entstanden.

Sie können zu dieser Idee Ihre eigene Meinung haben, aber wenn Sie selbst überprüfen wollen, wie komplex es ist, ein Kapitel mit der künstlichen Intelligenz zu schreiben, versuchen Sie es einfach einmal. Sie werden schnell auf viele Herausforderungen stoßen. Auch ich habe viele Teile dieses Buchs noch manuell überarbeitet, umformuliert und angepasst.

Dieses Buch behandelt eine Vielzahl von Themen, die mir in den Sinn kamen und über die ich mehr erfahren wollte, von tiefer Physik über das menschliche Gehirn bis hin zur Natur. Ich bin mir sicher, dass neben der Entstehung dieses Buches auch mindestens ein Kapitel für Sie interessant sein wird. Das Werk verlangt es weder an einem Stück noch in Gänze gelesen zu werden. Es ist für jeden etwas dabei, nehmen Sie es zur Hand und lesen Sie, was Sie interessiert.

Ich wünsche Ihnen viel Freude beim Lesen dieses Buches, das aus einer einzigartigen Zusammenarbeit zwischen menschlicher Kreativität und künstlicher Intelligenz entstanden ist. Ich selbst war überrascht, wie lesenswert ein solches Buch sein kann.

Inhaltsverzeichnis

Wer ist Laurenz Gormanns?

Geboren wurde ich am 11.10.2004. Die ersten Jahre meines Lebens sind schwierig zu beschreiben, da sie mir nicht wirklich präsent sind. Meine früheste Erinnerung, wenn ich ganz tief grabe, sind wohl die Platzwunden am Kopf, die ich mir beim Spielen mit meinem Bruder zugezogen habe. Es ist eigentlich eine amüsante Geschichte. Mein Bruder und ich haben trotz eines Altersunterschieds von etwa fünf Jahren eine enge Verbindung. Wir haben immer viel zusammen unternommen, meistens mit vollem Körpereinsatz und oft über meine eigenen Fähigkeiten hinaus. Dadurch gab es auch Verletzungen und ein paar Unfälle. In unserem Zimmer stand ein Doppelbett, rechts, wenn man durch die Tür hereinkam. Dann war der Raum etwa sechs Schritte lang bis zum Fenster, etwa drei Schritte breit und etwa vier Schritte hoch.

Ich saß oben auf dem Bett, und das Ziel war es, dass mein Bruder den Ball von unten nach oben warf und er hinter mir an die Wand prallte. Zu dieser Zeit war Manuel Neuer für mich ein Gott. Das bedeutet, kein Ball durfte an mir vorbeigehen, auch dieser nicht. So kommen wir zum Thema „Können". Um die Geschichte nicht unnötig in die Länge zu ziehen, endete der Aufstieg zum neuen Welt-Torhüter relativ abrupt, mit dem Kopf an der Bettkante. Das erklärt einiges, oder? So, um es kurz zu machen: Durch die ganzen Aktionen mit meinem Bruder haben wir uns an verschiedenen Stellen Narben zugezogen. Vor allem ich, weil ich meistens nicht ganz das Niveau meines Bruders erreicht habe.

Weiter in meinem Leben: Eine Erfahrung aus dem Kindergarten war, dass ich mir einmal den Arm gebrochen habe, als ich vom Klettergerüst heruntergelaufen bin und unten an der Treppe am Ende des Geländers mich nach rechts geworfen habe. Mein Körper hat sich um das Ende des Geländers gewickelt, und mein rechter Arm ist stecken geblieben, zumindest glaube ich, dass es der rechte Arm war.

Im Jahr 2010 begann für mich die Grundschule und langsam aber sicher werden die Erinnerungen konkreter. Es ist logisch, dass das Gehirn ab dem dritten Lebensjahr anfängt, Dinge zu merken, und mit etwa sechs werden die Erinnerungen intensiver. In der Grundschule haben alle Fußball gespielt, Panini-Bilder gesammelt und angefangen, das andere Geschlecht interessant zu finden. Da war ich dabei, ich habe Fußball gespielt und auch solche Bilder gesammelt und in der Grundschule gehörte ich eigentlich immer dazu.

Aber als ich 2014 auf die Realschule kam - mittlerweile ist das schon 10 Jahre her - wurde es ziemlich anders. Der Trend war, abzuhängen, in der Stadt rumzuhängen, zu zocken und cool zu sein - das waren nicht ganz meine Interessen. Vor allem durfte ich nicht zocken und dafür danke ich meinen Eltern heute. Sie haben es verboten.

Ich hatte ein paar gute Freunde, aber das reicht auch. Ich war immer draußen in der Natur, wollte etwas erleben, habe viel mit meinem Bruder unternommen und war oft mit Leuten unterwegs, die fünf Jahre älter waren als ich. Ich habe gemerkt, dass das, was meine Schulfreunde gemacht haben, meistens kindische Spielereien waren. Als Junge möchte man natürlich immer dazugehören und manchmal hat man sich in bestimmten Situationen auch zu jemandem gemacht, der man eigentlich gar nicht ist.

Dann ging es weiter mit dem Berufskolleg ab dem Schuljahr 2019/2020. Das war eine wilde Zeit.

Anfangs ging es darum, sich kennenzulernen und seinen Platz zu finden. Diese Phase der Selbstfindung war geprägt von vielen Veränderungen und neuen Erfahrungen. Während viele vom Feiern und Alkohol angezogen wurden, fiel es mir anfangs schwer, mich zu integrieren. Doch gegen Ende der 12. Klasse verbesserten sich die Dinge durch einige tolle gemeinsame Aktivitäten, die uns als Klasse zusammenbrachten. Zusammenfassend kann man sagen, dass die Klassengemeinschaft und die Lehrer, die uns auf den Klassenfahrten begleitet haben, echt einzigartig waren.

In der 13. Klasse wurde es richtig gut und lustig. Einige Leute aus meiner Klasse bleiben mir durch lustige Erlebnisse in Erinnerung. Der schönste Moment für mich war wohl, als ich beim fünf-km-Lauf in der Abiturprüfung meinen Klassenkameraden auf den letzten Metern hinter mir ließ, nachdem er drei Jahre lang immer schneller war.

Ich hoffe, dass Sie, liebe Leserinnen und Leser, weiterhin an meiner Seite bleiben und mich auf dieser Reise begleiten werden. Vielen Dank für Ihre Aufmerksamkeit und bis zum nächsten Kapitel.

Ein Ort, der mich verändert

Seit meiner frühen Kindheit, genauer gesagt seit ich ein Jahr und drei Monate alt war, besuche ich regelmäßig einen ganz bestimmten Bauernhof in Österreich. Anfangs waren es nur Winterurlaube, doch im Laufe der Zeit habe ich auch den Sommer dort verbracht. Dieser Ort hat eine ganz besondere Bedeutung für mich, denn er ist einfach wunderbar. Immer wieder wird mir bewusst, dass ich erst dann wirklich lebe, wenn ich meine gewohnte Umgebung und Komfortzone verlasse. Während meines Aufenthalts auf dem Bauernhof genieße ich es besonders, in die Berge zu fahren und dort den Sonnenuntergang zu beobachten. Die Freiheit und das Gefühl der Verbundenheit mit der Natur sind einfach unbeschreiblich. Ich nehme mir gerne Zeit für eine E-Bike-Tour auf den gegenüberliegenden Bergen.

Der Aufstieg dauert etwa 20 bis 30 Minuten, doch wenn man einmal den Gipfel erreicht hat, vergisst man alles um sich herum. Dort oben, besonders wenn es schon spät ist und keine anderen Menschen mehr da sind, eröffnet sich ein wundervoller Blick auf die Berge. Die Ruhe und Stille an diesem Ort sind unglaublich. Hier oben habe ich schon viel über verschiedene Dinge nachgedacht. Ehrlich gesagt, habe ich das Gefühl, dass ich genau an diesen Ort gehöre. Es ist ein Gefühl der Freiheit, dass man spürt, wenn man die Großstadt hinter sich lässt und sich in der Natur befindet.

Ich glaube fest daran, dass in jedem Menschen ein Teil der Naturverbundenheit steckt. Viele Menschen haben jedoch nur selten die Möglichkeit, diese Verbindung zu spüren. Daher kann ich nur jedem empfehlen, die Berge zu besuchen und dort einfach nur inmitten des Waldes zu sitzen, den Sonnenuntergang zu betrachten, ohne das Handy in die Hand zu nehmen und Fotos zu machen.

Einfach nur die Ruhe zu genießen, die Geräusche der Natur wahrzunehmen und Teil davon zu werden. Dadurch findet man Zeit für sich selbst und kann viele Dinge in einem anderen Licht betrachten.

Digitale Welt

In der heutigen digitalen Welt ist die rasche Kommunikation ein zentraler Bestandteil unseres Alltags. Kurznachrichten und Sprachnachrichten haben sich als effektive Mittel etabliert, um Informationen auszutauschen. Doch die Verwendung von Sprachnachrichten in Messenger-Diensten wirft die Frage auf, ob sie ein Gewinn oder ein Nachteil für die digitale Kommunikation sind.

Die steigende Beliebtheit von Sprachnachrichten ist offensichtlich, aber es gibt sowohl Vor- als auch Nachteile zu berücksichtigen. Einer der Vorteile besteht darin, dass durch Sprachnachrichten schnell und umfassend Informationen übermittelt werden können, ohne Zeit mit dem Schreiben zu verschwenden. Dies ermöglicht eine effiziente Übermittlung großer Informationsmengen in kürzester Zeit. Des Weiteren können Sprachnachrichten Emotionen und Tonfall deutlicher vermitteln als schriftliche Nachrichten, was in bestimmten Situationen von Vorteil sein kann. Insbesondere bei Entschuldigungen oder emotionalen Gesprächen kann die Verwendung von Sprachnachrichten die Übermittlung von Stimmung und Tonfall erleichtern.

Allerdings gibt es auch Nachteile bei der Nutzung von Sprachnachrichten. Die Qualität der Sprachaufnahme sowie Hintergrundgeräusche oder undeutliche Aussprache können dazu führen, dass Nachrichten schwer verständlich sind. Zudem neigen Sprecher dazu, umfangreichere Informationen in Sprachnachrichten aufzunehmen, die für den Empfänger möglicherweise nicht relevant sind. Dies kann dazu führen, dass Empfänger länger brauchen, um die Nachricht zu verstehen.

Ein weiteres Problem besteht darin, dass Sprachnachrichten möglicherweise nicht so vertraulich sind wie schriftliche Nachrichten. Bei Verlust oder Diebstahl eines Smartphones können Sprachnachrichten von Unbefugten angehört werden, während schriftliche Nachrichten verschlüsselt werden können und somit sicherer sind.

Zusammenfassend lässt sich sagen, dass die Verwendung von Sprachnachrichten in Messenger-Diensten sowohl Vor- als auch Nachteile mit sich bringt. Es ist wichtig, die jeweilige Situation zu berücksichtigen und abzuwägen, ob eine Sprachnachricht oder eine schriftliche Nachricht angemessen ist. Die Entscheidung hängt von der Übermittlung von Emotionen und Tonfall sowie von der Betonung von Schnelligkeit oder klarer Kommunikation ab.

Nun möchte ich ein weiteres Thema aufgreifen, das während der Corona-Zeit einen großen Aufschwung erlebt hat: Die Digitalisierung.

Die Verwendung digitaler Geräte bietet zahlreiche Möglichkeiten für interaktives und ansprechendes Lernen. Online-Ressourcen, interaktive Übungen und Lernplattformen ermöglichen es Schülern, ihr Verständnis auf unterhaltsame Weise zu vertiefen.

Digitale Geräte erleichtern den Zugang zu aktuellen Informationen und Ressourcen, was insbesondere in Fächern wie Geschichte, Erdkunde oder Politik von Vorteil ist. Schüler können in Echtzeit auf relevante Informationen zugreifen und sie für ihr Lernen nutzen. Das Internet bietet eine Fülle an ausführlichen Informationen in Form von Videos, Podcasts und anderen Medien, die geschichtliche Ereignisse und andere Themen detailliert erklären.

Darüber hinaus fördern digitale Geräte die Zusammenarbeit und Kommunikation zwischen Schülern und Lehrern. Gemeinsame Projekte können online gestaltet werden, was zu einem besseren Verständnis und einer höheren Motivation führt. Schüler können beispielsweise Gruppenarbeiten durchführen, indem sie auf ihre digitalen Geräte zugreifen und an einer gemeinsamen Präsentation arbeiten, ohne sich persönlich treffen zu müssen.

Ein weiterer Aspekt ist der Umweltaspekt. Durch den Einsatz digitaler Geräte müssen weniger Arbeitsblätter ausgedruckt werden, da Aufgaben und Materialien einfach über einen Klick an Hunderte von iPads verteilt werden können. Dies reduziert den Papierverbrauch und trägt zur Nachhaltigkeit bei.

Zusammenfassend lässt sich sagen, dass digitale Geräte nicht nur das Lernen verbessern, sondern den Schülern auch neue Möglichkeiten bieten, ihr Wissen und ihre Fähigkeiten zu erweitern. Es ist wichtig, ihren Einsatz im Klassenzimmer zu unterstützen und zu fördern. Gleichzeitig ist es jedoch wichtig, den richtigen Umgang mit diesen Geräten zu vermitteln und sicherzustellen, dass Kinder und Jugendliche verantwortungsbewusst mit ihnen umgehen.

Es ist von großer Bedeutung, dass wir ihnen beibringen, Informationen zu filtern, wahre von falschen Informationen zu unterscheiden und den richtigen Umgang mit künstlicher Intelligenz, wie Chat-GPT, zu erlernen. Verbote allein reichen nicht aus, sondern es geht darum, ihnen die notwendigen Fähigkeiten zu vermitteln, um in der heutigen Informationsgesellschaft erfolgreich zu navigieren.

Ich hoffe, dass diese Gedanken zu den Themen der digitalen Kommunikation und des Einsatzes digitaler Geräte im Unterricht Ihnen Anregungen zum Nachdenken geben.

Wer hat den Film Interstellar auch nicht verstanden?

Zu Beginn dieses Kapitels möchte ich darauf hinweisen, dass jeder, der schon einmal etwas tiefer in der Physik eingetaucht ist, mit hoher Wahrscheinlichkeit nichts absolut Neues in diesem Kapitel lernen wird. Dennoch sind Sie herzlich eingeladen, es zu lesen. Ich möchte Ihnen dazu einige Begriffe vorab kurz erklären:

Zeitdilatation

Die physikalische Grundlage der Zeitdilatation liegt im besonderen Zusammenspiel von Raum, Zeit und Bewegung, wie es durch Albert Einsteins Relativitätstheorie beschrieben wird. Grundlegend besagt die Relativitätstheorie, dass Raum und Zeit miteinander verflochten sind und nicht unabhängig voneinander existieren. Die Zeit ist also nicht einfach eine konstante Größe, sondern sie kann sich je nach den Bedingungen ändern, insbesondere wenn Objekte sich mit hoher Geschwindigkeit bewegen oder in einem starken Gravitationsfeld sind.

Die Zeitdilatation ergibt sich aus der speziellen Relativitätstheorie, die Einsteins Idee des Raum-Zeit-Geflechts beschreibt. Demnach haben alle Objekte eine „Raum-Zeit“, die sie umgibt. Wenn ein Objekt sich bewegt, verändert sich seine Raum-Zeit relativ zur Raum-Zeit eines anderen Objekts, das sich nicht bewegt oder sich anders bewegt.

Ein wichtiger Faktor bei der Zeitdilatation ist die Geschwindigkeit. Wenn sich ein Objekt sehr schnell bewegt, nahe an der Lichtgeschwindigkeit, geschieht etwas Interessantes: Aus der Sicht des Objekts selbst vergeht die Zeit wie gewohnt. Aber für einen Beobachter außerhalb dieses schnell bewegten Objekts scheint die Zeit langsamer zu vergehen.

Dies geschieht, weil sich die Zeit und der Raum für das sich schnell bewegende Objekt anders verhalten. Die Zeit vergeht für das Objekt langsamer, da es sich mit hoher Geschwindigkeit durch den Raum bewegt. Das heißt, für jemanden auf dem schnell bewegten Objekt können Minuten vergehen, während für einen Beobachter außerhalb viel mehr Zeit verstreicht.

Die Gravitation spielt ebenfalls eine Rolle bei der Zeitdilatation. In starken Gravitationsfeldern, wie zum Beispiel in der Nähe von massiven Objekten wie Schwarzen Löchern, verlangsamt sich die Zeit ebenfalls. Das liegt daran, dass die Gravitation den Raum krümmt, was wiederum die Zeit beeinflusst.

Insgesamt beruht die Zeitdilatation auf der Idee, dass Raum und Zeit nicht konstant und unveränderlich sind, sondern dass sie sich verformen und anpassen, je nachdem, wie sich Objekte bewegen oder in einem Gravitationsfeld sind.

Raumzeitkrümmung

Die Raumzeitkrümmung ist ein zentrales Konzept in Einsteins Allgemeiner Relativitätstheorie und besagt, dass die Anwesenheit von Materie und Energie den Raum und die Zeit um sie herum beeinflusst. Diese Theorie beschreibt, wie Massen und Energien das Gefüge von Raum und Zeit verändern und wie diese Veränderungen als Gravitation wahrgenommen werden.

Die Grundlage der Raumzeitkrümmung liegt in der Idee, dass Raum und Zeit nicht unabhängig voneinander existieren, sondern als eine Einheit betrachtet werden müssen – die Raumzeit. Diese Raumzeit ist elastisch und flexibel. Sie kann sich krümmen und verformen, wenn sich Massen und Energien in ihr befinden.

Ein häufig verwendetes Bild, um die Raumzeitkrümmung zu erklären, ist die Metapher einer Gummimembran. Stell dir vor, dass der Raum wie eine flache Gummimembran ist. Wenn du eine Kugel (um Materie oder Energie zu repräsentieren) auf diese Membran legst, verursacht sie eine Vertiefung oder Krümmung in der Membran um sie herum. Andere kleinere Gegenstände, die in die Nähe dieser Vertiefung rollen würden, werden von der Krümmung beeinflusst und in Richtung der Kugel gezogen.

Ähnlich verhält es sich mit der Gravitation: Massen krümmen die Raumzeit um sie herum, und andere Objekte bewegen sich entlang dieser gekrümmten Bahn.

In der Allgemeinen Relativitätstheorie beschreibt die Massen-Energie eine Art „Dellen“ oder Krümmungen in der Raumzeit. Diese Krümmungen bestimmen, wie sich Objekte bewegen. Sie beeinflussen die Bahn von Planeten um Sterne und sogar die Bewegung von Lichtstrahlen. Die Gravitation, die wir als Anziehungskraft wahrnehmen, ist eigentlich das Ergebnis dieser Raumzeitkrümmung: Massen und Energien verursachen Krümmungen in der Raumzeit, die wiederum die Bewegung von Objekten beeinflussen.

Die Allgemeine Relativitätstheorie

Die Allgemeine Relativitätstheorie von Albert Einstein ist eine der wichtigsten Theorien in der modernen Physik und beschreibt die Krümmung der Raumzeit durch die Anwesenheit von Massen. Diese Theorie ist auch ein zentrales Konzept im Film Interstellar, der von Christopher Nolan inszeniert wurde. In diesem Film geht es um eine Gruppe von Astronauten, die auf einer Mission sind, um einen neuen bewohnbaren Planeten zu finden, da die Erde nicht mehr bewohnbar ist. Die Allgemeine Relativitätstheorie spielt eine wichtige Rolle in der Handlung des Films, da sie die Grundlage für die Reise der Astronauten durch das Universum bildet.

In der Allgemeinen Relativitätstheorie wird die Gravitation als eine Krümmung der Raumzeit beschrieben, die durch die Anwesenheit von Massen entsteht. Diese Krümmung bewirkt, dass Massen auf eine bestimmte Art und Weise beschleunigt werden und sich daher bewegen. Ein wichtiger Aspekt der Theorie ist die Idee, dass die Raumzeit selbst eine Struktur hat und dass diese Struktur von der Anwesenheit von Massen beeinflusst wird.

Im Film Interstellar wird diese Vorstellung der Raumzeitkrümmung durch ein schwarzes Loch veranschaulicht. Ein schwarzes Loch ist ein Objekt mit einer so großen Masse, dass es die Raumzeit um sich herum stark krümmt. Dies hat zur Folge, dass alles, was in die Nähe des schwarzen Lochs kommt, in das Gravitationsfeld des schwarzen Lochs gezogen wird und sich auf eine bestimmte Art und Weise bewegt.

Die Hauptfigur des Films, Cooper, ist ein Astronaut, der auf der Suche nach einem neuen Planeten ist, um die Menschheit zu retten. Während seiner Reise durch das Universum wird er mit den Auswirkungen der Allgemeinen Relativitätstheorie konfrontiert. Zum Beispiel verbringt er Jahre auf einem Planeten, auf dem die Zeit langsamer vergeht als auf der Erde, da die Gravitation des Planeten die Zeit beeinflusst. Wenn Cooper zurück zur Erde kommt, sind Jahrzehnte vergangen, obwohl er nur wenige Jahre auf dem Planeten verbracht hat.

Ein weiteres Beispiel für die Anwendung der Allgemeinen Relativitätstheorie im Film ist die Idee von Wurmlöchern. Ein Wurmloch ist ein hypothetischer Tunnel in der Raumzeit, der es ermöglichen würde, von einem Ort zu einem anderen zu reisen, ohne die Entfernung zwischen ihnen physisch zu durchlaufen. Im Film wird ein Wurmloch genutzt, um von einem Teil des Universums zum anderen zu reisen, um einen neuen Planeten zu finden.

Insgesamt ist die Allgemeine Relativitätstheorie ein zentrales Konzept in Interstellar und wird auf verschiedene Weisen im Film eingesetzt. Es ist eine wichtige Theorie in der modernen Physik und hat Auswirkungen auf unser Verständnis des Universums und der Naturkräfte. Interstellar ist ein Beispiel dafür, wie wissenschaftliche Theorien und Konzepte in der Populärkultur dargestellt werden können, um ein breiteres Publikum zu erreichen und das Interesse an der Wissenschaft zu wecken.

Die Rolle der Gravitation in der Kosmologie ist ein faszinierendes Thema, das auf der Basis der Allgemeinen Relativitätstheorie von Albert Einstein erklärt werden kann. Ein beeindruckendes Beispiel dafür liefert der Film Interstellar, in dem die Auswirkungen der Gravitation auf die Raumzeit und die Zeit selbst im Fokus stehen.

Die Allgemeine Relativitätstheorie besagt, dass die Gravitation eine Folge der Krümmung der Raumzeit ist, die durch die Anwesenheit von Materie und Energie verursacht wird. Die Masse und Energie beeinflussen die Raumzeit so, dass sie sich krümmt und verformt, was wiederum die Bewegung von Objekten in der Nähe beeinflusst. Dies zeigt sich auch in der Idee, dass die Gravitation die Raumzeit krümmt und dadurch die Zeit selbst beeinflusst.

Die Krümmung der Raumzeit durch eine Masse oder Energiequelle kann dazu führen, dass die Zeit unterschiedlich schnell vergeht. Dies wird als Zeitdilatation bezeichnet und ist ein direktes Ergebnis der Krümmung der Raumzeit durch die Masse oder Energiequelle.

Die Zeitdilatation ist ein fundamentales Konzept in der Allgemeinen Relativitätstheorie und hat zahlreiche Auswirkungen auf die Kosmologie und moderne Technologie.

Im Film Interstellar wird die Idee der Raumzeitkrümmung und der Zeitdilatation durch ein nahegelegenes Schwarzes Loch auf dem Planeten Miller sehr dramatisch dargestellt. Die enorme Gravitation des Schwarzen Lochs verlangsamt die Zeit auf dem Planeten so stark, dass eine Stunde auf Miller sieben Jahre auf der Erde entspricht.

Die Gravitation eines Schwarzen Lochs ist so stark, dass sie die Raumzeit stark krümmt und verformt. Wenn ein Objekt in die Nähe eines Schwarzen Lochs gelangt, wird es von einer starken Gravitationskraft angezogen, die seine Bewegung beeinflusst. Die Krümmung der Raumzeit durch das Schwarze Loch führt auch zu einer Verlangsamung der Zeit, da die Zeitdilatation ein direktes Ergebnis der Krümmung der Raumzeit ist.

Die Idee der Raumzeitkrümmung und der Zeitdilatation durch Gravitation wurde erstmals von Albert Einstein in seiner Allgemeinen Relativitätstheorie vorgeschlagen. Die Theorie beschreibt die Gravitation als eine Folge der Krümmung der Raumzeit durch die Anwesenheit von Materie und Energie. Diese Krümmung beeinflusst die Bewegung von Objekten in der Nähe und führt auch zu einer Verlangsamung der Zeit.

Die Verlangsamung der Zeit aufgrund von Gravitationseffekten kann auch auf der Erde beobachtet werden. Zum Beispiel ticken Uhren auf der Erde langsamer als Uhren in der Umlaufbahn um die Erde, da die höhere Gravitation auf der Erde die Raumzeit stärker krümmt und die Zeitdilatation erhöht.

In Interstellar wird die Idee der Raumzeitkrümmung und der Zeitdilatation durch das Schwarze Loch auf dem Planeten Miller eindrucksvoll dargestellt. Der Film zeigt, wie die Gravitation das Universum beeinflusst und wie sie die Zeit selbst beeinflussen kann. Diese Ideen sind nicht nur faszinierend, sondern haben auch Auswirkungen auf unser Verständnis von Raum und Zeit sowie auf die moderne Technologie.

In der modernen Technologie werden die Auswirkungen der Gravitation auf die Zeitdilatation berücksichtigt, um genaue Zeitmessungen zu gewährleisten. Satelliten, die sich in der Umlaufbahn um die Erde befinden, müssen ihre Uhren so einstellen, dass sie die Zeitdilatation durch die höhere Gravitation ausgleichen. Andernfalls würde die Genauigkeit ihrer Uhren beeinträchtigt werden, was zu Fehlfunktionen bei der Navigation und Kommunikation führen könnte.

Zusammenfassend kann gesagt werden, dass die Rolle der Gravitation in der Kosmologie auf der Basis der Allgemeinen Relativitätstheorie von Albert Einstein erklärt werden kann. Die Gravitation ist eine Folge der Krümmung der

Raumzeit durch die Anwesenheit von Materie und Energie. Diese Krümmung beeinflusst die Bewegung von Objekten in der Nähe und führt auch zu einer Verlangsamung der Zeit, die als Zeitdilatation bezeichnet wird. Der Film Interstellar zeigt eindrucksvoll, wie die Gravitation das Universum beeinflusst und wie sie die Zeit selbst beeinflussen kann.

Wurmlöcher

Ein Wurmloch ist ein hypothetischer Tunnel in der Raumzeit, der es ermöglichen würde, schnell von einem Ort zum anderen zu gelangen, ohne dabei durch den Raum zu reisen. Das Konzept eines Wurmlochs wurde erstmals von Albert Einstein und Nathan Rosen in den 1930er Jahren vorgeschlagen und später von anderen Physikern weiterentwickelt. Im Film Interstellar wird das Konzept eines Wurmlochs genutzt, um die Astronauten zu entfernten Galaxien zu transportieren. In diesem Artikel werden wir die Grundlagen der Theorie von Wurmlöchern und ihre mögliche Rolle in der Zukunft der Raumfahrt diskutieren.

Die Theorie der Wurmlöcher basiert auf der Allgemeinen Relativitätstheorie, die besagt, dass die Gravitation eine Folge der Krümmung der Raumzeit ist, die durch die Anwesenheit von Masse und Energie verursacht wird. Die Krümmung der Raumzeit kann dazu führen, dass sich der Raum auf ungewöhnliche Weise verhält, was wiederum zu seltsamen Phänomenen wie Zeitdilatation und Raumverzerrung führt.

Ein Wurmloch ist eine Verzerrung der Raumzeit, die es ermöglichen würde, von einem Ort zum anderen zu gelangen, ohne dabei den Raum dazwischen durchqueren zu müssen. Es ist wie ein Tunnel in der Raumzeit, der zwei weit voneinander entfernte Orte miteinander verbindet. Ein Wurmloch besteht aus einem „Mund“ und einem „Rachen“, die durch einen Tunnel miteinander verbunden sind. Der Mund des Wurmlochs entspricht einem Ort im Raum, während der Rachen ein anderer Ort im Raum ist.

Ein Wurmloch wird durch eine starke Gravitationskraft erzeugt, die es ermöglicht, den Raumzeit-Krümmungseffekt auszunutzen. Wenn eine Menge von Materie oder Energie auf einer Seite des Raumes konzentriert wird, wird die Raumzeit in der Nähe dieser Menge stark gekrümmt. Wenn die Krümmung ausreichend stark ist, kann ein Tunnel durch die Raumzeit entstehen, der zwei weit voneinander entfernte Orte miteinander verbindet.

Im Film Interstellar wird ein Wurmloch genutzt, um die Astronauten von der Erde zu entfernten Galaxien zu transportieren. Das Wurmloch wird von einer mysteriösen Alien- Zivilisation geschaffen, um es den Menschen zu ermöglichen, schnell durch den Raum zu reisen. Die Astronauten betreten das Wurmloch und werden durch den Tunnel in eine andere Galaxie transportiert.

Obwohl es derzeit keine Beweise für die Existenz von Wurmlöchern gibt, sind sie ein faszinierendes Konzept in der Theoretischen Physik. Sie könnten möglicherweise als eine Art interstellare Autobahn dienen, die es ermöglicht, schnell durch den Raum zu reisen und ferne Galaxien zu erreichen. Die mögliche Rolle von Wurmlöchern in der Zukunft der Raumfahrt wird derzeit intensiv erforscht.

Es gibt jedoch auch einige Probleme und Herausforderungen im Zusammenhang mit der Nutzung von Wurmlöchern für die Raumfahrt. Eines der größten Probleme ist, dass Wurmlöcher sehr instabil sind und schnell zusammenbrechen können. Es müsste also eine Möglichkeit gefunden werden, um die Stabilität eines Wurmlochs zu erhöhen, um sicherzustellen, dass es nicht zusammenbricht, während ein Raumschiff durch den Tunnel fliegt.

Ein weiteres Problem ist, dass Wurmlöcher sehr schwer zu finden sind. Sie werden nur dann gebildet, wenn eine ausreichend große Menge von Materie oder Energie vorhanden ist, um eine starke Gravitationskraft zu erzeugen. Es ist also unwahrscheinlich, dass Wurmlöcher in der Nähe unseres Sonnensystems oder sogar in unserer Galaxie gefunden werden können.

Trotz dieser Herausforderungen gibt es einige Möglichkeiten, wie Wurmlöcher in der Zukunft der Raumfahrt genutzt werden könnten. Eine Möglichkeit wäre, sie als eine Art „Verkürzung" im Raum zu nutzen, die es ermöglicht, schnell von einem Ort zum anderen zu gelangen. Eine andere Möglichkeit wäre, Wurmlöcher als eine Art „Tor" zu nutzen, das es ermöglicht, ferne Galaxien zu erreichen und neue Welten zu erkunden.

In der Theorie der Wurmlöcher gibt es auch die Idee der Zeitreisen. Da Wurmlöcher Zeitdilatationen erzeugen, die die Zeit auf ungewöhnliche Weise beeinflussen, könnten Wurmlöcher auch als eine Art Zeitmaschine genutzt werden, die es ermöglicht, in die Vergangenheit oder Zukunft zu reisen. Allerdings gibt es viele offene Fragen und Probleme im Zusammenhang mit der Idee der Zeitreisen, und es ist derzeit unklar, ob Wurmlöcher tatsächlich als Zeitmaschinen genutzt werden können.

Insgesamt ist das Konzept eines Wurmlochs ein faszinierendes Konzept in der Theoretischen Physik, das noch viele Geheimnisse birgt. Obwohl es derzeit keine Beweise für die Existenz von Wurmlöchern gibt, könnten sie möglicherweise in der Zukunft der Raumfahrt eine wichtige Rolle spielen. Durch die Nutzung von Wurmlöchern könnten wir ferne Galaxien erkunden und neue Welten entdecken, die sonst unerreichbar wären.

Quantenphysik

Zu dem Abschnitt kann ich nur sagen, dass Sie verstehen müssen, dass über diese Art der Physik ganze Bücher geschrieben wurden. Also erwarten Sie bitte nicht, dass Sie nach diesem kurzen Abschnitt Experten im Thema Quantenphysik sind.

Genauso wenig wie ich, aber trotzdem versuche ich es so gut wie möglich mit Hilfe der KI zu erläutern.

Der Film Interstellar behandelt auch das Thema der Quantenphysik, die von großer Bedeutung für unser Verständnis der Welt auf subatomarer Ebene ist. Die Quantenphysik beschreibt die Eigenschaften und Wechselwirkungen von Teilchen auf dieser Ebene und hat Konzepte wie „Superposition" und „Verschränkung" entwickelt, um die Eigenschaften von Teilchen zu erklären.

Die Superposition ist ein grundlegendes Konzept in der Quantenmechanik, das besagt, dass ein quantenmechanisches System gleichzeitig in mehreren Zuständen existieren kann. Das bedeutet, dass ein Objekt oder Teilchen sich nicht nur in einem bestimmten Zustand befindet, sondern sich in einer Kombination mehrerer Zustände gleichzeitig befinden kann, bis eine Messung oder Beobachtung durchgeführt wird.

Die Grundlage der Superposition liegt in den Eigenschaften von Quantenteilchen, die im Gegensatz zu klassischen Objekten stehen. Quantenteilchen wie Elektronen, Photonen oder Atome können nicht nur „hier" oder „dort" sein oder nur einen bestimmten Zustand haben. Sie können sich stattdessen in einer Überlagerung verschiedener möglicher Zustände befinden, bis sie gemessen oder beobachtet werden.

Ein berühmtes Beispiel ist das sogenannte Doppelspalt-Experiment in der Quantenphysik, bei dem einzelne Teilchen, wie beispielsweise Elektronen, durch zwei schmale Spalte geschossen werden. Anschließend bilden sie auf einem Detektor dahinter ein Interferenzmuster, das normalerweise für Wellencharakteristiken typisch ist, obwohl Elektronen eigentlich als Partikel betrachtet werden. Dieses Muster entsteht, weil die Elektronen in einer Superposition von Zuständen sind: Sie durchlaufen beide Spalte gleichzeitig, als ob sie Wellen wären. Erst bei der Messung oder Detektion an einem bestimmten Punkt wird der Zustand des Elektrons „festgelegt", und es zeigt sich an einem spezifischen Ort.

Die mathematische Beschreibung der Superposition erfolgt mithilfe der sogenannten Wellenfunktion in der Quantenmechanik. Diese Wellenfunktion beschreibt die möglichen Zustände eines Quantenteilchens und wie diese Zustände überlagert sein können, bis eine Messung erfolgt, die die Wahrscheinlichkeit eines bestimmten Zustands bestimmt.

Das Konzept der Superposition ist von großer Bedeutung in der Quantenphysik und hat Auswirkungen auf verschiedene technologische Anwendungen wie Quantencomputer oder Quantenkommunikation. Es ist ein zentrales Konzept, das die Besonderheiten und die fundamentalen Unterschiede zwischen der klassischen Physik und der Quantenphysik zeigt.

Ein weiteres Konzept der Quantenphysik ist die Verschränkung, die beschreibt, wie zwei Teilchen miteinander verbunden sein können, sodass eine Veränderung an einem Teilchen sofort eine Veränderung am anderen Teilchen bewirkt, unabhängig von der Entfernung zwischen ihnen. Dies bedeutet, dass Teilchen miteinander interagieren können, ohne dass ein physikalischer Kontakt zwischen ihnen besteht.

In Interstellar wird gezeigt, wie die Astronauten eine Art Quanten-Teleportation durchführen, um eine Kommunikationsverbindung zwischen Miller und der Erde herzustellen. Dies wird durch die Verschränkung von Teilchen ermöglicht, da eine Veränderung an einem Teilchen sofort eine Veränderung am anderen Teilchen bewirkt, unabhängig von der Entfernung zwischen ihnen. Durch die Anwendung der Quanten- Teleportation können die Astronauten die benötigten Informationen übertragen, ohne dass eine physische Verbindung zwischen den beiden Orten besteht.

Das Konzept der Quanten-Teleportation hat auch Anwendungen in der Telekommunikation und der Informationsübertragung. Es ermöglicht die Übertragung von Informationen über große Entfernungen, ohne dass eine physische Verbindung zwischen den beiden Orten erforderlich ist. Dies könnte in Zukunft eine wichtige Rolle bei der Entwicklung von Technologien spielen, die auf der Quantenphysik basieren.

Insgesamt zeigt der Film Interstellar die faszinierenden Konzepte der Quantenphysik und ihre Anwendungen in der modernen Technologie. Es ist ein Beispiel dafür, wie die grundlegende Forschung in der Physik zu neuen Erkenntnissen und Technologien führen kann, die unser Verständnis der Welt und unsere Fähigkeit, mit ihr zu interagieren, verbessern können. Die Allgemeine Relativitätstheorie von Albert Einstein und ihre Rolle im Film Interstellar bieten einen faszinierenden Einblick in die Zusammenhänge zwischen Gravitation, Raumzeit und Zeitdilatation. Diese Konzepte haben nicht nur in der Theoretischen Physik, sondern auch in der Populärkultur und im alltäglichen Leben Auswirkungen.

Die Allgemeine Relativitätstheorie ist eine der bedeutendsten Theorien in der modernen Physik und hat unser Verständnis des Universums revolutioniert. Sie beschreibt die Gravitation als eine Krümmung der Raumzeit, die durch die Anwesenheit von Massen und Energien entsteht. Diese Krümmung beeinflusst die Bewegung von Objekten und führt zu Effekten wie der Zeitdilatation und der Raumverzerrung.

Im Film Interstellar wird die Allgemeine Relativitätstheorie auf eindrucksvolle Weise dargestellt. Die Geschichte dreht sich um eine Gruppe von Astronauten, die auf der Suche nach einem neuen bewohnbaren Planeten sind. Dabei spielen die Konzepte der Raumzeitkrümmung, Zeitdilatation und Wurmlöcher eine zentrale Rolle.

Ein zentrales Ereignis im Film ist die Erforschung eines Planeten, der sich in der Nähe eines massereichen schwarzen Lochs befindet. Die Gravitation des schwarzen Lochs ist so stark, dass sie die Zeit auf dem Planeten verlangsamt. Während für die Astronauten nur wenige Stunden vergehen, vergehen auf der Erde Jahre. Diese dramatische Darstellung der Zeitdilatation verdeutlicht die Auswirkungen der Gravitation auf die Zeit.

Ein weiteres faszinierendes Konzept, das im Film präsentiert wird, ist das der Wurmlöcher. Diese hypothetischen Tunnel in der Raumzeit könnten es ermöglichen, schnell von einem Ort zum anderen zu reisen, ohne dabei große Entfernungen zurückzulegen. Die Nutzung eines Wurmlochs spielt im Film eine entscheidende Rolle, um die Astronauten zu fernen Galaxien zu transportieren und neue bewohnbare Welten zu finden.

Der Film Interstellar zeigt, wie wissenschaftliche Theorien und Konzepte auf kreative und ansprechende Weise in der Populärkultur dargestellt werden können. Durch die Verwendung der Allgemeinen Relativitätstheorie und ihrer Auswirkungen auf Raumzeit und Zeitdilatation wird das Publikum auf unterhaltsame Weise an komplexe wissenschaftliche Ideen herangeführt. Dies kann das Interesse an der Wissenschaft wecken und dazu beitragen, dass Menschen sich mit den faszinierenden Phänomenen des Universums auseinandersetzen.

Darüber hinaus haben die Konzepte der Allgemeinen Relativitätstheorie auch praktische Anwendungen in der modernen Technologie. Die Präzision von GPS-Systemen, zum Beispiel, beruht auf der Berücksichtigung der Zeitdilatation durch die Gravitation der Erde. Ohne das Verständnis der Allgemeinen Relativitätstheorie wären präzise Positionsbestimmungen mittels GPS nicht möglich.

Insgesamt ist die Allgemeine Relativitätstheorie von Albert Einstein eine bahnbrechende Theorie, die unser Verständnis des Universums erweitert hat. Sie hat nicht nur in der theoretischen Physik, sondern auch in vielen anderen Bereichen Anwendung gefunden.

In der Astrophysik hat die Allgemeine Relativitätstheorie geholfen, die Bewegung von Sternen, Galaxien und anderen Himmelskörpern zu erklären. Sie hat unser Verständnis von Phänomenen wie schwarzen Löchern, Neutronensternen und Gravitationswellen vorangebracht. Durch die Untersuchung der Krümmung der Raumzeit können Astronomen die Eigenschaften dieser faszinierenden Objekte besser verstehen und beobachten.

Darüber hinaus hat die Allgemeine Relativitätstheorie auch Auswirkungen auf die Kosmologie, die Erforschung der Entstehung und Entwicklung des Universums. Sie liefert wichtige Grundlagen für Modelle wie das Urknallmodell und hilft, die Ausdehnung des Universums sowie die

Verteilung von Materie und Energie darin zu verstehen. Die Allgemeine Relativitätstheorie spielt eine Schlüsselrolle bei der Erforschung des frühen Universums und der Suche nach Antworten auf grundlegende Fragen über seine Entstehung und Struktur.

Darüber hinaus hat die Allgemeine Relativitätstheorie auch in anderen Bereichen der Physik Anwendungen gefunden. Sie hat zur Entwicklung von Gravitationswellendetektoren wie LIGO und VIRGO beigetragen, die es uns ermöglichen, winzige Veränderungen in der Raumzeit wahrzunehmen. Diese Detektoren haben bereits dazu beigetragen, neue Erkenntnisse über kosmische Ereignisse wie die Verschmelzung von schwarzen Löchern zu gewinnen.

In der Technologie hat die Allgemeine Relativitätstheorie ebenfalls Spuren hinterlassen. Zum Beispiel werden präzise Zeitmessungen in Kommunikationssatelliten benötigt, um genaue Berechnungen von Entfernungen und Positionen auf der Erde durchzuführen. Die relativistische Zeitdilatation muss berücksichtigt werden, um eine genaue Kommunikation und Navigation zu gewährleisten.

Abschließend ist die Allgemeine Relativitätstheorie ein grundlegender Baustein unseres Verständnisses des Universums und hat weitreichende Auswirkungen auf die Wissenschaft, die Technologie und sogar die Populärkultur.

Der Film Interstellar hat dazu beigetragen, die Faszination für diese Theorie zu wecken und sie einem breiten Publikum näherzubringen. Durch weitere Forschung und Anwendungen der Allgemeinen Relativitätstheorie können wir noch tiefer in die Geheimnisse des Universums eindringen und unser Wissen über Raum, Zeit und Gravitation weiter vertiefen.

Flugangst, es kann jeden treffen!

In den folgenden Abschnitten sprechen wir über das Thema Flugangst. Ich möchte direkt sagen, dass dieses Kapitel sich für den für dieses Thema uninteressierten Leser etwas in die Länge ziehen kann. Ich würde mich freuen, wenn Sie trotzdem einen Blick in das Kapitel werfen und schauen, ob es Ihnen gefällt. Das gilt übrigens für jedes Kapitel. In diesem Sinne: Viel Spaß beim Lesen!

Flugangst ist ein komplexes Phänomen, das tief in der Psychologie verwurzelt ist. Um dieses Thema ausführlich zu behandeln, werden im folgenden Abschnitt verschiedene Aspekte der Flugangst genauer erläutert.

Der Kontrollverlust während des Fliegens ist ein grundlegendes Element der Flugangst. Viele Menschen empfinden es als unangenehm, ihre Sicherheit in die Hände des Piloten und der Technologie zu legen. In diesem Kapitel werden wir genauer auf den Kontrollverlust als einen der Hauptaspekte der Flugangst eingehen. Wir werden untersuchen, warum der Kontrollverlust Ängste auslösen kann und welche Auswirkungen er auf die betroffenen Personen hat.

Den Kontrollverlust kann man klar definieren.

Der Kontrollverlust bei Flugangst bezieht sich auf die Tatsache, dass die Passagiere während des Fliegens keine direkte Kontrolle über die Sicherheit des Flugzeugs haben. Sie müssen sich darauf verlassen, dass der Pilot und die Technologie ihre Aufgaben korrekt erfüllen, um den Flug sicher durchzuführen.

Für manche Menschen ist es unangenehm und beängstigend, diese Kontrolle an andere abzugeben und sich auf deren Fähigkeiten zu verlassen.

Der wahrgenommene Kontrollverlust spielt eine bedeutende Rolle bei der Entstehung von Flugangst. Die betroffenen Personen fühlen sich hilflos und ausgeliefert, da sie nicht direkt eingreifen können, um ihre Sicherheit zu gewährleisten. Dieses Gefühl der Hilflosigkeit kann zu erheblicher Angst und Unwohlsein führen.

Es gibt verschiedene Faktoren, die zu einem wahrgenommenen Kontrollverlust während des Fliegens beitragen können. Im Folgenden werde ich einige der Hauptursachen genauer betrachten.

Zunächst müssen die Flugpassagiere darauf vertrauen, dass der Pilot die erforderlichen Fähigkeiten besitzt, um das Flugzeug sicher zu steuern. Manchen Menschen fällt es schwer, diese Kontrolle an eine andere Person abzugeben. Sie haben möglicherweise das Bedürfnis, selbst die Verantwortung für ihre Sicherheit zu tragen und fühlen sich unwohl dabei, diese an den Piloten zu delegieren.

Außerdem sind moderne Flugzeuge hochkomplexe technologische Systeme, die auf zahlreiche Instrumente und automatisierte Systeme angewiesen sind. Die Passagiere müssen darauf vertrauen, dass diese Systeme einwandfrei funktionieren und die Sicherheit gewährleisten. Menschen, die unter Flugangst leiden, können jedoch ein geringes Vertrauen in die Technologie haben und befürchten, dass sie versagen oder fehlerhaft sein könnte.

Während des Fluges hat man als Passagier keine Kontrolle über den Flugverlauf, die Route oder mögliche Turbulenzen. Man muss sich auf die Entscheidungen des Piloten und die Flugbedingungen verlassen. Diese fehlende Kontrolle kann Ängste verstärken, da man als betroffene Person keine Möglichkeit hat, aktiv auf ihre Sicherheit einzuwirken.

Der wahrgenommene Kontrollverlust während des Fliegens kann erhebliche Auswirkungen auf die betroffenen Personen haben. Im Folgenden werde ich einige der häufigsten Auswirkungen genauer betrachten.

Das Gefühl des Kontrollverlusts kann zu erheblicher Angst und Unwohlsein führen. Die betroffenen Personen haben das Bedürfnis nach Kontrolle und Sicherheit, und wenn sie diese nicht haben, können Ängste aufkommen. Die Angst kann von einem allgemeinen Unwohlsein bis hin zu intensiver Panik reichen, was zu körperlichen Symptomen wie Herzklopfen, Schweißausbrüchen, Atemnot und Schwindel führen kann. Der wahrgenommene Kontrollverlust kann außerdem dazu führen, dass Menschen Flugreisen vermeiden oder nur unter erheblichem Stress und Unannehmlichkeiten in Betracht ziehen. Sie versuchen, Situationen zu vermeiden, in denen sie die Kontrolle abgeben müssen, um ihre Ängste zu vermeiden. Dieses Vermeidungsverhalten verstärkt die Flugangst oft noch weiter, da die betroffenen Personen keine Möglichkeit haben, ihre Ängste zu überwinden oder positive Erfahrungen zu sammeln, die ihre Ängste reduzieren könnten.

Was viele vergessen, Flugangst kann die Lebensqualität der betroffenen Personen erheblich beeinträchtigen. Die Einschränkung der Mobilität und die Unfähigkeit, Flugreisen zu unternehmen, kann zu beruflichen und sozialen Einschränkungen führen. Dies kann die betroffenen Personen isolieren und ihnen das Gefühl geben, dass sie bestimmte Erfahrungen und Möglichkeiten verpassen.

Dazu kommt das die Erfahrung des Kontrollverlusts das Selbstvertrauen der betroffenen Personen beeinträchtigt. Sie können sich hilflos und unsicher fühlen, da sie nicht in der Lage sind, ihre Ängste zu überwinden oder ihre

Sicherheit zu gewährleisten. Dies kann sich auch auf andere Lebensbereiche auswirken und das allgemeine Selbstvertrauen beeinflussen.

Die Angst vor großen Höhen, auch Akrophobie genannt, kann eine bedeutende Rolle bei der Entwicklung von Flugangst spielen. Die Vorstellung, sich in einer so hohen und offenen Umgebung wie einem Flugzeug zu befinden, kann bei Menschen mit Höhenangst beängstigend sein. Die Kombination aus Fliegen und der damit verbundenen Höhe kann die Angst verstärken und zu Panikattacken führen.

Die Ursachen für Höhenangst können vielfältig sein. Einige Menschen haben möglicherweise bereits in der Kindheit negative Erfahrungen mit Höhen gemacht, wie beispielsweise einen Sturz oder eine traumatische Situation in großer Höhe.

Diese Erfahrungen können zu einer starken emotionalen Reaktion führen und die Entwicklung von Höhenangst begünstigen. Darüber hinaus können genetische Faktoren, Persönlichkeitsmerkmale, erlernte Ängste und Umwelteinflüsse eine Rolle spielen.

Die Kombination aus Fliegen und der damit verbundenen Höhe kann die Angst verstärken. In einem Flugzeug befindet man sich in großer Höhe und ist dennoch eingeschränkt in seiner Bewegungsfreiheit. Das Gefühl, der offenen Umgebung ausgeliefert zu sein und keine direkte Kontrolle über die eigene Sicherheit zu haben, kann die Höhenangst verstärken. Zudem können spezifische Faktoren wie der Blick aus dem Fenster, der Anblick der Erde von oben, das Gefühl des Auf- und Absteigens oder die Turbulenzen während des Fluges die Angstreaktion weiter verstärken.

Die Erfahrungen und Traumata, die im Zusammenhang mit dem Fliegen stehen, können eine bedeutende Rolle bei der Entstehung und Aufrechterhaltung von Flugangst spielen. Traumatische Ereignisse wie schwierige Flugerfahrungen, Turbulenzen oder Flugzeugunfälle können starke negative Emotionen hervorrufen und Ängste auslösen, die sich tief im Gedächtnis verankern.

Diese traumatischen Erfahrungen können das Vertrauen in die Sicherheit des Fliegens nachhaltig beeinträchtigen, selbst wenn rationale Argumente gegen die Angst sprechen. Menschen, die traumatische Flugerfahrungen gemacht haben, können sich oft lebhaft an die Details dieser Ereignisse erinnern und erleben möglicherweise eine wiederkehrende Belastung oder traumatische Flashbacks, wenn sie sich mit dem Thema Fliegen auseinandersetzen.

Es ist wichtig zu verstehen, dass Traumata und Ängste subjektiv sind und von Person zu Person unterschiedlich sein können. Was für eine Person traumatisch ist, mag für eine andere Person weniger belastend sein. Dennoch können traumatische Flugerfahrungen eine tiefgreifende Wirkung auf das Vertrauen und das Wohlbefinden einer Person haben.

Die Auswirkungen traumatischer Flugerlebnisse können vielfältig sein.

Traumatische Flugerlebnisse können dazu führen, dass Menschen das Gefühl haben, die Kontrolle über ihre Sicherheit im Flugzeug zu verlieren. Die erlebte Hilflosigkeit während des traumatischen Ereignisses kann zu einer tief verwurzelten Angst führen, erneut in eine ähnliche Situation geraten zu können.

Was viele vergessen ist, dass traumatische Erfahrungen bestehende Ängste verstärken oder neue Ängste hervorrufen können. Selbst wenn das traumatische Ereignis statistisch betrachtet selten oder unwahrscheinlich ist, können die starken Emotionen und der Schock der Erfahrung das Risiko überschatten und zu einer generalisierten Flugangst führen. Menschen, die traumatische Flugerfahrungen gemacht haben, können Fliegen mit stark negativen Emotionen verknüpfen. Das Flugzeug oder die Flugreise selbst kann zu einem Auslöser für Angst und Stress werden, da diese Erfahrungen im Gedächtnis gespeichert sind und mit einem Gefühl von Gefahr und Bedrohung assoziiert werden.

Um den mit der Flugangst verbundenen Ängsten zu entgehen, können Menschen dazu neigen, Flugreisen zu vermeiden. Dieses Vermeidungsverhalten kann zu erheblichen Einschränkungen im persönlichen und beruflichen Leben führen, da Fliegen ein wesentlicher Bestandteil der modernen Reisemöglichkeiten und des Geschäftsverkehrs ist.

Außerdem ist die anhaltende Flugangst infolge traumatischer Erfahrungen eine erhebliche psychologische Belastung. Betroffene können unter Schlafstörungen, Angstzuständen und weiterem leiden.

Die Angst vor dem Unbekannten spielt eine wichtige Rolle bei der Entstehung von Flugangst. Das Fliegen ist für viele Menschen eine ungewohnte Situation, die mit einer gewissen Unsicherheit verbunden ist. Die Vorstellung, sich in einem fliegenden Objekt in großer Höhe zu befinden, kann beängstigend sein, insbesondere wenn man nicht genau weiß, was während des Fluges passiert und wie das Flugzeug funktioniert.

Ein Mangel an Informationen und Kenntnissen über die Technik und Sicherheitsvorkehrungen eines Flugzeugs kann die Ängste verstärken. Menschen, die unter Flugangst leiden, haben möglicherweise nicht genügend Verständnis für die Mechanismen des Fliegens, die aerodynamischen

Prinzipien oder die Zuverlässigkeit der Flugzeuge. Sie fühlen sich möglicherweise unwohl bei dem Gedanken, dass sie in einem Flugzeug sitzen, ohne genau zu wissen, wie es funktioniert und wie es in der Luft bleibt.

Die Angst vor dem Unbekannten kann auch mit dem Unvorhersehbaren verbunden sein. Turbulenzen, ungewöhnliche Geräusche oder plötzliche Bewegungen des Flugzeugs können bei Menschen, die unter Flugangst leiden, zusätzliche Ängste auslösen. Das Gefühl, keine Kontrolle über die Situation zu haben und nicht zu wissen, was als nächstes passiert, kann das Angstniveau erhöhen und zu Panikreaktionen führen.

Die Medien und Filme tragen ebenfalls zur Verstärkung der Ängste bei. Katastrophenfilme oder Berichte über Flugzeugunfälle können das Bild des Fliegens als gefährliche und unsichere Aktivität verstärken. Die wiederholte Konfrontation mit negativen Darstellungen des Fliegens kann Ängste schüren und das Vertrauen in die Sicherheit des Fliegens weiter untergraben.

Es ist wichtig anzumerken, dass die Angst vor dem Unbekannten individuell unterschiedlich ausgeprägt ist. Manche Menschen sind von Natur aus abenteuerlustig und haben weniger Probleme mit neuen und unbekannten Situationen, während andere eher ängstlich und vorsichtig sind. Die Angst vor dem Unbekannten kann jedoch durch Informationsdefizite und mangelnde Kenntnisse verstärkt werden. Eine gründliche Aufklärung über die Funktionsweise von Flugzeugen, die Sicherheitsmaßnahmen und die statistische Zuverlässigkeit des Fliegens kann dazu beitragen, diese Ängste zu reduzieren.

Es ist wichtig zu beachten, dass die Angst vor dem Unbekannten keine rationale Reaktion ist. Statistisch gesehen ist das Fliegen eine der sichersten Formen des Reisens. Dennoch können die subjektiven Ängste und Unsicherheiten, die mit dem Unbekannten verbunden sind, stark und belastend sein. Eine individuelle Betreuung und Unterstützung können Menschen mit Flugangst dabei helfen, diese Ängste zu bewältigen und das Vertrauen in das Fliegen wiederzugewinnen.

Die klassische Konditionierung ist ein psychologischer Mechanismus, der eine bedeutende Rolle bei der Entwicklung von Flugangst spielt. Diese Form der Konditionierung basiert auf der Idee, dass das Gehirn eine Verbindung zwischen einem bestimmten Reiz und einer Reaktion herstellt, wenn diese beiden Dinge wiederholt zusammen auftreten. Im Falle der Flugangst können unangenehme Empfindungen wie Angst, Panik oder Unwohlsein während eines Fluges zu dieser konditionierten Reaktion führen.

Wenn eine Person während eines Fluges unangenehme Erfahrungen gemacht hat, beispielsweise aufgrund von Turbulenzen, einer engen Sitzplatzsituation oder einer früheren Panikattacke, kann ihr Gehirn diese Situationen mit Angstzuständen in Verbindung bringen. Das Gehirn lernt, dass das Fliegen eine Bedrohung darstellt und diese negative emotionale Reaktion auslöst. Selbst der bloße Gedanke an das Fliegen kann dann bei dieser Person Angstgefühle hervorrufen. Ein Beispiel für klassische Konditionierung bei Flugangst könnte folgendermaßen aussehen: Eine Person erlebt während eines Fluges starke Turbulenzen und verspürt dabei Angst und Panik. In diesem Moment werden die unangenehmen Empfindungen mit dem Fliegen als Reiz verknüpft. Das Gehirn bildet eine Assoziation zwischen dem Flugzeug, dem Gefühl der Unsicherheit und der Angstreaktion. In der Folge kann allein der Anblick eines Flugzeugs, das Hören von Fluggeräuschen oder das Betreten eines Flughafens ängstliche Gefühle hervorrufen. Diese konditionierte Reaktion entsteht durch das Zusammenspiel zwischen den emotionalen Reaktionen des Körpers und den Umständen des Fliegens. Das Gehirn verknüpft die situativen Reize (Flugzeug, Flughafen, Fluggeräusche) mit den emotionalen Reaktionen (Angst, Unwohlsein). Dadurch entsteht eine automatische und unbewusste Assoziation, bei der der Reiz des Fliegens die Angstreaktion auslöst.

Es ist wichtig anzumerken, dass die klassische Konditionierung nicht ausschließlich für die Entstehung von Flugangst verantwortlich ist. Es handelt sich um einen komplexen psychologischen Mechanismus, der von individuellen Erfahrungen, Persönlichkeitsmerkmalen und Umständen beeinflusst wird. Dennoch kann die klassische Konditionierung eine Rolle spielen, indem sie die Bildung von Angstassoziationen mit dem Fliegen unterstützt.

Um die konditionierte Flugangst zu überwinden, ist es oft erforderlich, diese assoziativen Verbindungen zu durchbrechen und neue positive Erfahrungen zu schaffen. Dies kann durch eine schrittweise Expositionstherapie erfolgen, bei der die betroffene Person schrittweise und kontrolliert dem Fliegen ausgesetzt wird. Durch die schrittweise Konfrontation mit den angstauslösenden Reizen kann das Gehirn lernen, dass das Fliegen nicht zwangsläufig mit Angst und Unwohlsein verbunden ist.

Ich erkläre die klassische Konditionierung einmal etwas genauer. Sie ist ein psychologischer Prozess, bei dem das Gehirn eine Verbindung zwischen einem bestimmten Reiz und einer Reaktion herstellt. Dies geschieht, wenn diese beiden Dinge wiederholt zusammen auftreten. Wenn der

Reiz wiederholt mit einer bestimmten Reaktion verknüpft wird, kann allein das Vorhandensein des Reizes die Reaktion auslösen, selbst wenn der ursprüngliche Auslöser fehlt.

Ein bekanntes Beispiel für klassische Konditionierung ist der Pawlowsche Hund: Ivan Pawlow zeigte einem Hund immer wieder Futter, während er gleichzeitig eine Glocke läutete. Der Hund begann, das Läuten der Glocke mit dem bevorstehenden Futter zu verbinden und fing an, bereits beim Hören der Glocke zu sabbern, auch wenn kein Futter vorhanden war.

In Bezug auf Flugangst bedeutet dies, dass das Gehirn eine Verbindung zwischen dem Fliegen und unangenehmen Empfindungen wie Angst oder Panik herstellt, wenn diese beiden Dinge wiederholt zusammen auftreten. Selbst der bloße Gedanke an das Fliegen kann dann ängstliche Gefühle hervorrufen, da das Gehirn die konditionierte Reaktion auslöst. Die klassische Konditionierung spielt eine wichtige Rolle bei der Entwicklung von Phobien und Ängsten, da sie dazu führen kann, dass Reize, die eigentlich neutral sind, mit angstauslösenden Reaktionen verknüpft werden. Es ist jedoch möglich, diese konditionierten Reaktionen zu überwinden, indem man neue positive Erfahrungen schafft und die Assoziation zwischen dem Reiz und der Angstreaktion durchbricht. Ich hoffe das hat nochmal etwas Klarheit geschafft.

Das Lernen am Modell, auch als soziales Lernen bezeichnet, ist ein psychologischer Mechanismus, der besagt, dass Menschen durch Beobachtung und Imitation das Verhalten und die emotionalen Reaktionen anderer Personen erlernen können. Dieser Mechanismus kann auch bei der Entwicklung von Flugangst eine Rolle spielen.

Wenn eine nahestehende Person wie ein Familienmitglied oder enger Freund Flugangst zeigt, kann dies dazu führen, dass andere Familienmitglieder oder Freunde die Angst übernehmen. Durch die Beobachtung des ängstlichen Verhaltens und der Reaktionen des Modells kann die Angst bei anderen Menschen verstärkt und auf sie übertragen werden. Wenn eine Person sieht, dass jemand, dem sie vertraut, große Angst vor dem Fliegen hat, kann dies ihre eigenen Ängste verstärken und ihre Wahrnehmung des Fliegens negativ beeinflussen.

Dieser Prozess kann auf verschiedene Weisen stattfinden. Zum einen kann die direkte Beobachtung des ängstlichen Verhaltens und der emotionalen Reaktionen des Modells zu einer Verstärkung der eigenen Ängste führen. Wenn eine Person sieht, dass das Modell in Panik gerät, unruhig ist oder sichtbare Anzeichen von Angst zeigt, kann dies dazu führen, dass die beobachtende Person ähnliche Gefühle entwickelt.

Darüber hinaus kann das Lernen am Modell auch indirekt stattfinden. Das heißt, dass die beobachtende Person die Erfahrungen und Erzählungen des Modells, über dessen Flugerfahrungen, aufnimmt und internalisiert. Wenn das Modell beispielsweise von Turbulenzen oder anderen unangenehmen Vorfällen während des Fluges berichtet, kann dies dazu führen, dass die beobachtende Person ähnliche Ängste und Befürchtungen entwickelt, selbst wenn sie diese Erfahrungen nicht selbst gemacht hat.

Soziales Lernen und die Übernahme von Ängsten durch Beobachtung und Imitation können besonders stark sein, wenn es sich um nahestehende Personen handelt, zu denen eine enge emotionale Bindung besteht. Die Vertrautheit und das Vertrauen in das Modell können die Übernahme der Flugangst verstärken. Zudem kann sich die Übernahme der Angst auch aufgrund von sozialem Druck oder dem Wunsch, sich mit dem Modell zu identifizieren, verstärken.

Es ist wichtig anzumerken, dass das Lernen am Modell nicht nur negative Auswirkungen haben kann. Es kann auch positive Effekte haben, wenn das Modell selbstbewusst und gelassen mit dem Fliegen umgeht. In solchen Fällen kann die Beobachtung eines Modells, das keine Angst zeigt und eine positive Einstellung zum Fliegen hat, dazu beitragen, die eigene Flugangst zu reduzieren oder zu überwinden.

Um die negativen Auswirkungen des Lernens am Modell auf die Entwicklung von Flugangst zu minimieren, ist es wichtig, sich bewusst zu machen, dass die Übernahme von Ängsten nicht automatisch erfolgen muss. Indem man sich seiner eigenen Gedanken und Emotionen bewusst wird und sie kritisch hinterfragt, kann man den Einfluss des Modells schrittweise reduzieren. Indem man sich selbst informiert, Fakten über die Sicherheit des Fliegens recherchiert und positive Erfahrungen anderer Fluggäste einbezieht, kann man dazu beitragen, die eigene Flugangst zu rationalisieren.

Des Weiteren können Strategien wie Entspannungsübungen, Ablenkungstechniken oder das Erlernen von Stressbewältigungstechniken helfen, die mit der Flugangst verbundenen Symptome zu reduzieren. Durch gezieltes Training kann man lernen, mit den Angstgefühlen umzugehen und ihnen nicht hilflos ausgeliefert zu sein.

Zusammenfassend kann gesagt werden, dass das Lernen am Modell ein psychologischer Mechanismus ist, der die Entwicklung von Flugangst beeinflussen kann. Die Beobachtung und Imitation ängstlichen Verhaltens und emotionaler Reaktionen nahestehender Personen kann zur Übernahme von Flugangst führen. Es ist wichtig zu erkennen, dass die Übernahme von Ängsten nicht zwangsläufig erfolgen muss und dass es Möglichkeiten gibt, die eigene

Flugangst zu bewältigen. Durch Informationsbeschaffung, rationale Argumentation, Entspannungsübungen und den Einsatz von Bewältigungsstrategien kann die Flugangst reduziert und langfristig überwunden werden.

Ein weiterer psychologischer Mechanismus ist die Katastrophisierung, sie spielt bei der Entwicklung von Flugangst eine Rolle. Menschen mit Flugangst tendieren dazu, negative Szenarien während des Fluges zu überbewerten und zu vergrößern. Selbst kleinste Anzeichen von Unbehagen oder Unregelmäßigkeiten werden als potenziell katastrophale Ereignisse interpretiert.

Ein Beispiel für Katastrophisieren bei Flugangst könnte sein, dass eine Person beim Hören eines lauten Geräusch´s im Flugzeug automatisch davon ausgeht, dass etwas Schlimmes passieren wird, wie beispielsweise ein Motorausfall oder ein Strukturproblem am Flugzeug. Sie projizieren ihre Ängste und Vorstellungen von möglichen Gefahren auf die Situation, ohne dass dafür konkrete Beweise oder Anhaltspunkte vorliegen. Dieser Mechanismus wird durch eine Vielzahl von Faktoren verstärkt. Zum einen spielen die emotionalen Reaktionen eine Rolle. Die Angst, die mit der Flugangst einhergeht, verstärkt die negativen Gedanken und erzeugt eine erhöhte Empfindlichkeit für mögliche Bedrohungen. Die Person kann in einen Teufelskreis geraten, in dem sie ihre Ängste immer weiter schürt und die Angstgefühle immer intensiver werden.

Ein weiterer Faktor, der zum Katastrophisieren beitragen kann, ist die begrenzte Erfahrung mit dem Fliegen. Wenn jemand nur selten fliegt oder nur negative Erfahrungen gemacht hat, fehlt ihm möglicherweise das Verständnis für die normalen Abläufe und Geräusche während des Fluges. Dadurch werden ungewohnte oder leicht beunruhigende

Ereignisse als Bedrohung interpretiert, obwohl sie in Wirklichkeit normal und harmlos sein können.

Auch die mediale Berichterstattung über Flugzeugunglücke oder Zwischenfälle kann das Katastrophisieren verstärken. Negative Nachrichten und Bilder von Flugzeugunfällen können Ängste und Befürchtungen in Bezug auf die Flugsicherheit verstärken und das Vertrauen in die Flugindustrie erschüttern. Diese Berichte rufen eine Sensibilität für mögliche Gefahren hervor und verstärken die Angst vor dem Fliegen.

Es ist wichtig anzumerken, dass das Katastrophisieren nicht auf rationale Argumente oder tatsächliche Fakten reagiert. Statistiken zeigen, dass das Fliegen eine der sichersten Transportarten ist, aber Menschen mit Flugangst haben Schwierigkeiten, diese Fakten zu internalisieren und ihre Ängste zu relativieren. Stattdessen werden die negativen Gedanken und Szenarien in den Vordergrund gestellt, was zu einer verzerrten Wahrnehmung der Realität führt.

Das Vermeidungsverhalten bei Flugangst kann verschiedene Formen annehmen. Einige Menschen vermeiden es vollständig, Flugreisen anzutreten, selbst wenn sie wichtige berufliche oder persönliche Verpflichtungen haben. Sie suchen nach Alternativen wie dem Reisen mit dem Auto, Zug oder Schiff, um eine Flugreise zu umgehen. Dies kann jedoch mit erheblichem Aufwand, längeren Reisezeiten und Einschränkungen verbunden sein.

Andere Personen versuchen, Flugreisen zu vermeiden, indem sie bestimmte Routen oder Fluggesellschaften meiden, die mit ihrer Angst in Verbindung gebracht werden. Sie könnten auch versuchen, Flugreisen in bestimmten Jahreszeiten oder zu bestimmten Tageszeiten zu vermeiden, um möglichen Turbulenzen oder schlechten

Wetterbedingungen aus dem Weg zu gehen. Diese Einschränkungen bei der Reiseplanung können das Leben der betroffenen Person erheblich beeinträchtigen und ihre Freiheit und Flexibilität einschränken.

Das Vermeidungsverhalten bei Flugangst kann jedoch paradoxerweise dazu führen, dass die Angst langfristig verstärkt wird. Durch die Vermeidung des Fliegens haben Menschen keine Möglichkeit, sich der Situation auszusetzen und positive Erfahrungen zu sammeln, die ihre Ängste reduzieren könnten. Stattdessen bleibt die Flugangst bestehen und verstärkt sich oft sogar im Laufe der Zeit.

Der Grund dafür liegt in der Funktionsweise des Gehirns. Wenn eine Person eine angstauslösende Situation vermeidet, signalisiert dies dem Gehirn, dass die Situation tatsächlich gefährlich sein muss. Das Gehirn lernt, dass die Flugreise eine Bedrohung darstellt, da die Person sie aktiv meidet. Dadurch wird die Verbindung zwischen Fliegen und Angst im Gehirn verstärkt.

Das Vermeidungsverhalten kann auch zu einem Teufelskreis führen. Je öfter eine Person das Fliegen meidet, desto schwieriger wird es, diese Angst zu überwinden. Die Angst wird als immer größer und unüberwindbar wahrgenommen. Die Person kann auch das Vertrauen in ihre eigenen Fähigkeiten verlieren, mit der Angst umzugehen, was zu einer weiteren Vermeidung führt.

Um das Vermeidungsverhalten bei Flugangst zu überwinden, ist es wichtig, schrittweise und kontrolliert mit der angstauslösenden Situation konfrontiert zu werden. Dies kann durch eine schrittweise Expositionstherapie erfolgen, bei der die Person zunächst kleine Schritte unternimmt, um sich an das Fliegen zu gewöhnen. Dies kann beispielsweise darin bestehen, sich mit Flugzeugen vertraut zu machen,

Flughäfen zu besuchen oder kurze Flüge zu unternehmen. Im Laufe der Zeit kann die Person ihre Angst reduzieren und positive Erfahrungen sammeln, die das Vertrauen stärken.

Zusätzlich kann die Unterstützung durch eine professionelle Therapie oder eine Flugangst-Spezialistin hilfreich sein.

Das Sammeln von Informationen ist ein wichtiger Bewältigungsmechanismus für Menschen mit Flugangst. Durch das Erlangen von Wissen über die Flugzeugtechnik, den Flugverlauf und die Sicherheitsvorkehrungen können sie das Gefühl der Kontrolle stärken und ihre Ängste verringern.

Eine der Hauptursachen für Flugangst ist das Gefühl des Kontrollverlustes während des Fliegens. Menschen, die unter Flugangst leiden, empfinden es als unangenehm, ihre Sicherheit in die Hände des Piloten und der Technologie zu legen. Indem sie Informationen über die Funktionsweise eines Flugzeugs und die Sicherheitsvorkehrungen erhalten, können sie ein besseres Verständnis dafür entwickeln, wie ein Flugzeug fliegt und welche Maßnahmen ergriffen werden, um die Sicherheit der Passagiere zu gewährleisten.

Das Sammeln von Informationen kann auf verschiedene Weisen erfolgen. Eine Möglichkeit besteht darin, Bücher oder Online-Ressourcen zu lesen, die sich mit der Flugzeugtechnik und Flugsicherheit befassen. Es gibt viele informative Bücher und Websites, die detaillierte Erklärungen zu verschiedenen Aspekten des Fliegens bieten, wie z.B. die Funktionsweise der Triebwerke, die Struktur des Flugzeugs und die Rolle der Fluglotsen.

Darüber hinaus bieten viele Fluggesellschaften Informationsmaterialien an Bord ihrer Flugzeuge oder auf ihren

Websites an. Diese Materialien können Informationen über den Flugverlauf, die verschiedenen Phasen des Fluges und die Sicherheitsvorkehrungen enthalten. Das Lesen dieser Materialien kann helfen, den Flugprozess besser zu verstehen und die Unsicherheit zu verringern.

Ein weiterer Ansatz besteht darin, mit Flugangst-Spezialistinnen oder -spezialisten zu sprechen. Diese Fachleute können über Flugangst aufklären, Fragen beantworten und gezielt auf individuelle Bedenken eingehen. Sie können Informationen über die Statistiken zur Flugsicherheit, die Ausbildung der Piloten und die umfangreichen Sicherheitskontrollen bereitstellen. Durch den Dialog mit Fachleuten können Menschen mit Flugangst auch Missverständnisse oder irrationale Ängste klären, die durch mangelnde Informationen entstehen können.

Die Informationsbeschaffung kann dazu beitragen, unrealistische Vorstellungen oder Ängste zu reduzieren. Häufig beruht Flugangst auf irrationalem Denken oder dem Fehlen von Informationen über die tatsächlichen Risiken des Fliegens. Indem Menschen fundierte Informationen erhalten, können sie ihre Ängste rationaler bewerten und ein realistischeres Bild von der Sicherheit des Fliegens entwickeln.

Es ist jedoch wichtig zu beachten, dass das Sammeln von Informationen allein nicht immer ausreicht, um Flugangst vollständig zu überwinden. Jeder Mensch ist individuell und hat unterschiedliche Bewältigungsmechanismen. Manche Menschen benötigen möglicherweise zusätzliche Unterstützung, wie zum Beispiel eine Therapie oder ein spezialisiertes Flugangst-Bewältigungsprogramm, um ihre Ängste erfolgreich zu bewältigen.

Insgesamt kann die Informationsbeschaffung ein wichtiger Schritt sein im Umgang mit Flugangst. Es ist jedoch wichtig zu beachten, dass der Informationsgewinn allein nicht immer ausreicht, um die Flugangst vollständig zu überwinden. Es ist ein schrittweiser Prozess, der möglicherweise zusätzliche Unterstützung und verschiedene Bewältigungsstrategien erfordert.

Neben der Bereitstellung von Informationen kann die Informationsbeschaffung auch dazu beitragen, das Vertrauen in die Flugindustrie und die Flugsicherheit zu stärken. Indem Menschen erfahren, wie strenge Sicherheitsstandards, regelmäßige Wartungsarbeiten und gründliche Pilotenausbildungen dazu beitragen, dass Fliegen eine der sichersten Formen des Reisens ist, können sie ihre Ängste reduzieren. Dieses Wissen kann helfen, negative Gedanken und irrationalen Überzeugungen entgegenzuwirken, die Flugangst verstärken.

Ein weiterer Vorteil der Informationsbeschaffung besteht darin, dass sie den Betroffenen dabei helfen kann, sich auf den Flug vorzubereiten und sich sicherer zu fühlen. Durch das Verständnis der verschiedenen Phasen des Fluges, wie beispielsweise Start, Landung oder Turbulenzen, können Menschen mit Flugangst besser darauf vorbereitet sein und mögliche Stressoren antizipieren. Dies kann zu einem Gefühl der Kontrolle beitragen und Ängste reduzieren.

Darüber hinaus kann die Informationsbeschaffung auch dazu beitragen, alternative Denkmuster zu entwickeln. Menschen mit Flugangst neigen oft dazu, ihre Ängste zu katastrophisieren und sich auf negative Szenarien zu konzentrieren. Durch das Erlangen von Informationen und Fakten können sie ihre Gedanken auf realistischere und positivere Weise lenken. Sie können lernen, ihre Ängste in einem rationaleren Kontext zu betrachten und alternative, beruhigende Gedanken zu entwickeln.

Es ist wichtig anzumerken, dass die Informationsbeschaffung individuell sein sollte. Jeder Mensch hat unterschiedliche Informationsbedürfnisse und -präferenzen. Einige Menschen bevorzugen vielleicht detaillierte technische Informationen, während andere sich eher auf allgemeine Sicherheitsaspekte konzentrieren möchten. Es ist wichtig, die Informationen zu finden, die für die individuelle Person am hilfreichsten sind. Abschließend lässt sich sagen, dass die Informationsbeschaffung ein wichtiger Bewältigungsmechanismus bei der Flugangst ist. Sie ermöglicht es den Betroffenen, ihre Ängste rational zu betrachten, das Vertrauen in die Flugsicherheit aufzubauen und sich auf den Flug vorzubereiten. Es ist jedoch wichtig, die Informationsbeschaffung in Verbindung mit anderen Bewältigungsstrategien und möglicherweise professioneller Unterstützung zu nutzen, um die Flugangst effektiv zu bewältigen.

Eine wirksame Methode sind die Entspannungstechniken, um die mit Flugangst verbundene körperliche Anspannung und Unruhe zu lindern. Diese Techniken zielen darauf ab, den Körper in einen Zustand tiefer Entspannung zu versetzen, was dazu beiträgt, Angstsymptome zu reduzieren und ein Gefühl der Ruhe und Gelassenheit zu fördern.

Eine der am häufigsten verwendeten Entspannungstechniken bei Flugangst ist die Atemübung. Durch bewusstes und kontrolliertes Atmen kann der Körper in einen Zustand der Entspannung versetzt werden. Eine einfache Methode besteht darin, langsam und tief durch die Nase einzuatmen, den Atem für einige Sekunden zu halten und dann langsam durch den Mund auszuatmen. Wiederholen Sie diesen Vorgang mehrmals, um eine entspannende Wirkung zu erzielen. Durch die Konzentration auf den Atem wird die

Aufmerksamkeit von den ängstlichen Gedanken abgelenkt und der Körper beruhigt.

Eine weitere wirksame Entspannungstechnik ist die progressive Muskelentspannung. Bei dieser Methode werden verschiedene Muskelgruppen nacheinander angespannt und dann bewusst entspannt. Dieser Wechsel zwischen Anspannung und Entspannung hilft dabei, körperliche Spannung abzubauen und Stress zu reduzieren. Beginnen Sie zum Beispiel mit den Muskeln in den Händen und arbeiten Sie sich bis zu den Schultern, dem Nacken, dem Gesicht und den Beinen vor. Durch regelmäßiges Üben können Menschen lernen, ihre Muskelspannung bewusst wahrzunehmen und gezielt zu entspannen.

Meditation ist eine weitere Entspannungstechnik, die bei der Bewältigung von Flugangst hilfreich sein kann. Durch das Sitzen in einer ruhigen Umgebung und das Fokussieren auf den gegenwärtigen Moment kann der Geist beruhigt werden. Dies kann durch das Konzentrieren auf den Atem, das Wiederholen eines beruhigenden Mantras oder das Visualisieren eines entspannenden Ortes erreicht werden. Meditation hilft dabei, den Geist von ängstlichen Gedanken zu befreien und einen Zustand der inneren Ruhe und Gelassenheit zu erreichen. Neben diesen spezifischen Entspannungstechniken können auch andere Maßnahmen zur Förderung der Entspannung beitragen. Dazu gehören das Hören beruhigender Musik, das Lesen eines Buches oder das Betrachten entspannender Bilder. Das Ziel ist es, den Geist von negativen Gedanken und Ängsten abzulenken und eine positive, entspannte Atmosphäre zu schaffen.

Es ist wichtig zu beachten, dass Entspannungstechniken regelmäßig geübt werden sollten, um ihre Wirksamkeit zu maximieren. Eine einmalige Anwendung vor oder während eines Fluges kann möglicherweise nicht ausreichend sein, um die Flugangst zu bewältigen. Durch regelmäßiges Training und Integration dieser Techniken in den Alltag können Menschen mit Flugangst ihre Entspannungsfähigkeiten stärken und sie in stressigen Situationen wie dem Fliegen anwenden.

Es ist auch wichtig anzumerken, dass Entspannungstechniken allein möglicherweise nicht ausreichen, um Flugangst vollständig zu überwinden. Sie können jedoch einen wichtigen Beitrag zur Angstbewältigung leisten und das Wohlbefinden während des Fluges verbessern. Es ist ratsam, Entspannungstechniken in Kombination mit anderen Bewältigungsstrategien zu verwenden, um eine ganzheitliche Herangehensweise an die Flugangst zu verfolgen.

Eine weitere Bewältigungsstrategie, die Menschen mit Flugangst helfen kann, ist die kognitive Umstrukturierung. Dabei geht es darum, negative und ängstliche Gedanken zu erkennen und bewusst durch positive und realistischere Gedanken zu ersetzen. Menschen mit Flugangst neigen oft dazu, katastrophisierende Gedanken zu haben, bei denen sie das Schlimmste befürchten und die Wahrscheinlichkeit eines Flugzeugunglücks überbewerten. Durch die kognitive Umstrukturierung können sie lernen, ihre Ängste auf rationale Weise zu hinterfragen und alternative, positivere Denkmuster zu entwickeln.

Ein Beispiel für kognitive Umstrukturierung bei Flugangst wäre die bewusste Herausforderung negativer Gedanken. Anstatt zu denken: „Das Flugzeug wird abstürzen“, könnte man sich fragen: „Welche Beweise gibt es dafür, dass das Flugzeug sicher ist?“ Indem man rationalere und realistischere Gedanken entwickelt, kann man die Angst reduzieren und das Vertrauen in die Sicherheit des Fliegens stärken.

Eine weitere Bewältigungsstrategie ist die Expositionstherapie, bei der Menschen sich mit ihren Ängsten schrittweise und kontrolliert konfrontieren. Dies kann beispielsweise durch den Besuch eines Flughafens, das Betrachten von Flugzeugen aus der Ferne oder das Sitzen in einem Flugzeug während des Bodenbetriebs erfolgen. Mit der Zeit kann die Exposition gegenüber den auslösenden Reizen schrittweise gesteigert werden, um die Angst zu reduzieren und positive Erfahrungen im Zusammenhang mit dem Fliegen zu sammeln.

Soziale Unterstützung ist ebenfalls ein wichtiger Aspekt bei der Bewältigung von Flugangst. Das Teilen der eigenen Ängste mit vertrauenswürdigen Personen wie Freunden, Familienmitgliedern oder einem Therapeuten kann entlastend sein und das Gefühl vermitteln, nicht allein mit der Angst umgehen zu müssen. Unterstützung von anderen Menschen, die ähnliche Erfahrungen gemacht haben oder bereits erfolgreich ihre Flugangst überwunden haben, kann ebenfalls motivierend und inspirierend sein.

Es ist wichtig zu betonen, dass Bewältigungsmechanismen individuell unterschiedlich wirken können. Was für eine Person funktioniert, muss nicht unbedingt für eine andere Person wirksam sein. Daher ist es ratsam, verschiedene Strategien auszuprobieren und herauszufinden, welche für einen selbst am besten geeignet sind.

Zusammenfassend können Bewältigungsmechanismen wie Informationsbeschaffung, Entspannungstechniken, kognitive Umstrukturierung, Expositionstherapie und soziale Unterstützung dazu beitragen, die Flugangst zu bewältigen. Durch das Sammeln von Informationen über die Flugzeugtechnik und Sicherheitsvorkehrungen kann das Vertrauen in die Sicherheit des Fliegens gestärkt werden. Entspannungstechniken wie Atemübungen, progressive Muskelentspannung und Meditation helfen dabei, körperliche Anspannung und Angstsymptome während des Fluges zu reduzieren.

Die kognitive Umstrukturierung ermöglicht es, negative Gedankenmuster zu erkennen und durch positive und realistischere Denkmuster zu ersetzen. Dies hilft dabei, ängstliche Gedanken zu hinterfragen und die Flugangst rational zu bewältigen.

Die Expositionstherapie ermöglicht es Menschen mit Flugangst, ihre Ängste schrittweise zu konfrontieren und positive Erfahrungen im Zusammenhang mit dem Fliegen zu sammeln. Durch das schrittweise Aussetzen an Flugreizen kann die Angst reduziert werden.

Außerdem spielt die soziale Unterstützung eine wichtige Rolle bei der Bewältigung von Flugangst. Das Teilen der Ängste mit vertrauenswürdigen Personen und der Austausch mit anderen Betroffenen oder Personen, die ihre Flugangst bereits überwunden haben, kann unterstützend und motivierend wirken. Es ist wichtig zu beachten, dass die Bewältigung von Flugangst ein individueller Prozess ist und Zeit und Geduld erfordert. Es kann hilfreich sein, professionelle Unterstützung von einem Therapeuten oder Psychologen zu suchen, der auf Angststörungen spezialisiert ist. Diese Fachleute können individuelle Strategien und Techniken anbieten, um die Flugangst zu bewältigen und den persönlichen Bedürfnissen gerecht zu werden.

Letztendlich ist es möglich, die Flugangst zu überwinden und ein entspannteres und angenehmeres Flugerlebnis zu haben. Mit der richtigen Herangehensweise, der Bereitschaft zur Auseinandersetzung mit der Angst und Unterstützung durch Bewältigungsmechanismen können

Menschen ihre Flugangst erfolgreich bewältigen und wieder die Freiheit und die Möglichkeiten des Fliegens genießen.

Abschließend lässt sich sagen, dass Flugangst eine verbreitete Herausforderung ist, die jedoch überwunden werden kann. Es ist wichtig, die Angst vor dem Fliegen ernst zu nehmen und sie nicht zu ignorieren. Die Auseinandersetzung mit den Ursachen der Flugangst und die Suche nach geeigneten Bewältigungsmechanismen sind entscheidende Schritte auf dem Weg zur Überwindung der Angst.

Es ist ratsam, sich mit Informationen über Flugzeuge, Flugverfahren und Sicherheitsvorkehrungen vertraut zu machen, um das Vertrauen in die Sicherheit des Fliegens zu stärken. Durch Entspannungstechniken wie Atemübungen, progressive Muskelentspannung und Meditation können körperliche Anspannung und Angstsymptome während des Fluges reduziert werden. Die kognitive Umstrukturierung hilft dabei, negative Gedankenmuster zu erkennen und durch positive und realistischere Denkmuster zu ersetzen.

Die Expositionstherapie bietet die Möglichkeit, sich schrittweise den Flugreizen auszusetzen und positive Erfahrungen zu sammeln, um die Angst zu reduzieren. Die Unterstützung durch das soziale Umfeld und der Austausch mit anderen Betroffenen oder Personen, die ihre Flugangst überwunden haben, können eine wertvolle Unterstützung bieten.

Es ist jedoch wichtig anzumerken, dass die Bewältigung von Flugangst ein individueller Prozess ist und Zeit, Geduld und Selbstreflexion erfordert. Es gibt keine universelle Lösung, die für alle Menschen gleichermaßen funktioniert. Es ist ratsam, professionelle Unterstützung von einem Therapeuten oder Psychologen zu suchen, der auf

Angststörungen spezialisiert ist. Diese Experten können individuelle Strategien und Techniken anbieten, um die Flugangst zu bewältigen und den Bedürfnissen jedes Einzelnen gerecht zu werden.

Schließlich sollten Menschen mit Flugangst ermutigt werden, ihre Ängste anzugehen und sich nicht von ihnen einschränken zu lassen. Mit der richtigen Herangehensweise, Unterstützung und dem Einsatz von Bewältigungsmechanismen kann die Flugangst erfolgreich bewältigt werden. Das Ziel ist es, ein entspannteres und angenehmeres Flugerlebnis zu erreichen, um die Freiheit und die Möglichkeiten des Fliegens wieder genießen zu können. Es ist wichtig, sich selbst zu erlauben, Schritt für Schritt voranzugehen und sich nicht von Rückschlägen entmutigen zu lassen. Jeder Fortschritt, auch der kleinste, ist ein Schritt in die richtige Richtung. Mit Ausdauer, Entschlossenheit und Unterstützung können Menschen ihre Flugangst überwinden und zuversichtlich in die Zukunft fliegen.

Was macht die Natur mit dem Körper?

Die Auswirkungen der Natur auf die körperliche Gesundheit sind vielfältig und umfassen auch physiologische Reaktionen, insbesondere den Stressabbau. Es ist bekannt, dass der Aufenthalt in der Natur stressreduzierende Effekte hat und dazu beitragen kann, die Belastungen des modernen Lebens zu bewältigen.

Stress ist eine natürliche Reaktion unseres Körpers auf verschiedene Belastungen und Herausforderungen. Ein gewisses Maß an Stress kann uns motivieren und aktivieren, aber chronischer oder übermäßiger Stress kann negative Auswirkungen auf unsere Gesundheit haben. Hier kommt die Natur ins Spiel.

Studien haben gezeigt, dass der Kontakt zur Natur und das Erleben natürlicher Umgebungen stressreduzierende Wirkungen haben. Bereits kurze Spaziergänge im Wald oder an einem Seeufer können dazu beitragen, das Stressniveau zu senken und das allgemeine Wohlbefinden zu verbessern. Dies wird teilweise auf die beruhigende und entspannende Wirkung der Natur zurückgeführt.

Die Natur bietet eine Flucht aus dem hektischen Alltag und ermöglicht es uns, uns zu entspannen und zur Ruhe zu kommen. Der Anblick von grünen Landschaften, das Rauschen von Bäumen oder das Beobachten von Vögeln und anderen Tieren kann Stresssymptome wie erhöhten Blutdruck, Herzfrequenz und Muskelspannung reduzieren. Darüber hinaus fördert die Natur die Freisetzung von Endorphinen, den sogenannten Glückshormonen, die ein Gefühl der Entspannung und Zufriedenheit vermitteln.

Ein weiterer Mechanismus, über den die Natur den Stressabbau unterstützt, ist die Reduzierung von mentaler Erschöpfung und Überlastung. Die moderne Lebensweise ist oft geprägt von hohem Arbeitsdruck, Multitasking und ständiger Erreichbarkeit. Der Rückzug in die Natur ermöglicht es uns, dem Stress des Alltags zu entfliehen, unsere Gedanken zu ordnen und unsere mentale Energie wiederherzustellen. Dadurch können wir besser mit Stress umgehen und sind widerstandsfähiger gegenüber den negativen Auswirkungen von chronischem Stress.

Es ist wichtig anzumerken, dass die Auswirkungen der Natur auf den Stressabbau individuell unterschiedlich sein können. Jeder Mensch hat unterschiedliche Vorlieben und Bedürfnisse, wenn es um den Kontakt zur Natur geht. Einige Menschen finden Ruhe und Entspannung beim Wandern in den Bergen, während andere sich in einem blühenden Garten erholen. Es ist wichtig, die persönlichen Präferenzen zu berücksichtigen und die Naturerlebnisse zu finden, die für jeden Einzelnen am effektivsten sind.

Insgesamt ist der Stressabbau eine wichtige Auswirkung der Natur auf die körperliche Gesundheit. Der Kontakt zur Natur und das Erleben natürlicher Umgebungen bieten eine wertvolle Möglichkeit, den stressigen Anforderungen des modernen Lebens entgegenzuwirken und eine bessere Balance zwischen Körper und Geist zu finden. Es ist ratsam, regelmäßig Zeit in der Natur zu verbringen und die heilende Kraft der Natur zu nutzen, um das eigene Wohlbefinden zu fördern. Neben dem Stressabbau kann der Kontakt zur Natur auch andere positive Auswirkungen auf die körperliche Gesundheit haben, wie die Stärkung des Immunsystems und die Förderung der körperlichen Erholung.

Der Stressabbau durch die Natur ist nicht nur eine vorübergehende Entlastung, sondern kann langfristig zu einer verbesserten Stressbewältigungsfähigkeit führen. Indem wir regelmäßig Zeit in der Natur verbringen, trainieren wir gewissermaßen unseren Geist und unseren Körper, mit Stress umzugehen. Wir entwickeln Resilienz und eine erhöhte Stressresistenz, die uns im Alltag unterstützt.

Es gibt verschiedene Möglichkeiten, den Stressabbau in der Natur zu erleben. Neben dem einfachen Spaziergang können Aktivitäten wie Yoga oder Meditation im Freien besonders effektiv sein. Diese kombinieren die positiven Effekte der Natur mit den beruhigenden und stressreduzierenden Elementen dieser Praktiken. Indem wir uns auf unsere Atmung und unseren Körper konzentrieren und gleichzeitig die natürliche Umgebung um uns herum wahrnehmen, können wir eine tiefere Entspannung und eine verbesserte Stressbewältigung erreichen. Es ist wichtig zu betonen, dass der Stressabbau in der Natur keine alleinige Lösung für alle stressbedingten Probleme ist. Es ist ein Teil eines ganzheitlichen Ansatzes zur Gesundheitsförderung, der auch andere Aspekte wie eine ausgewogene Ernährung, ausreichend Schlaf und soziale Unterstützung umfasst. Dennoch ist der positive Einfluss der Natur auf den Stressabbau nicht zu unterschätzen und sollte als wichtiger Bestandteil eines gesunden Lebensstils betrachtet werden.

Insgesamt zeigen die Auswirkungen der Natur auf den Stressabbau, dass die natürliche Umgebung eine wertvolle Ressource für unsere körperliche Gesundheit ist. Durch den Kontakt zur Natur können wir unseren Stress reduzieren, unsere Entspannungsfähigkeit verbessern und unsere Resilienz gegenüber den Belastungen des Alltags stärken.

Es lohnt sich, Zeit in der Natur einzuplanen und bewusst die heilende Kraft der natürlichen Umgebung zu nutzen, um unser Wohlbefinden zu fördern und unsere Gesundheit zu unterstützen.

Die Auswirkung auf unser Immunsystem

Die Auswirkungen der Natur auf die körperliche Gesundheit gehen über den bloßen Stressabbau hinaus und erstrecken sich auch auf das Immunsystem. Zahlreiche Studien haben gezeigt, dass der Kontakt zur Natur eine positive Wirkung auf unsere Immunfunktion haben kann.

Die natürliche Umgebung bietet eine Vielzahl von Reizen, die unser Immunsystem stimulieren und stärken können. Ein wesentlicher Faktor ist die erhöhte Exposition gegenüber Mikroorganismen und Allergenen in der Natur. Der Kontakt mit einer Vielzahl von Mikroben in der natürlichen Umgebung trainiert und aktiviert unser Immunsystem, wodurch es besser in der Lage ist, Krankheitserreger abzuwehren.

Darüber hinaus zeigt die Forschung, dass der Aufenthalt in der Natur die Produktion und Aktivität von natürlichen Killerzellen, Lymphozyten und anderen immunologischen Faktoren erhöhen kann. Diese Zellen sind wichtige Bestandteile unseres Immunsystems und spielen eine entscheidende Rolle bei der Bekämpfung von Infektionen und der Verhinderung von Krankheiten.

Ein weiterer Aspekt ist der Einfluss der Natur auf den Stressabbau. Chronischer Stress kann das Immunsystem schwächen und die Anfälligkeit für Krankheiten erhöhen. Indem wir Stress in der Natur abbauen, ermöglichen wir unserem Körper, sich zu regenerieren und das Immunsystem zu stärken. Es ist wichtig anzumerken, dass die Verbesserung des Immunsystems durch die Natur kein Allheilmittel gegen Krankheiten ist. Ein gesunder Lebensstil, der ausgewogene Ernährung, ausreichend Schlaf, regelmäßige körperliche Aktivität und angemessene Hygiene umfasst, ist nach wie vor entscheidend für ein starkes Immunsystem. Dennoch kann der Kontakt zur Natur einen wertvollen Beitrag zur Stärkung unserer Abwehrkräfte leisten.

Insgesamt belegen Studien die positive Wirkung der Natur auf das Immunsystem. Der Kontakt zur Natur kann dazu beitragen, die Immunfunktion zu verbessern, die Abwehrkräfte zu stärken und das Risiko von Krankheiten zu verringern. Um diese Vorteile zu nutzen, ist es ratsam, regelmäßig Zeit im Freien zu verbringen, sei es beim Spazierengehen, Wandern oder Gartenarbeit. Indem wir uns der natürlichen Umgebung öffnen, unterstützen wir aktiv unsere körperliche Gesundheit und stärken unser Immunsystem. Der genaue Mechanismus, durch den die Natur das Immunsystem stärkt, ist ein komplexes Zusammenspiel verschiedener biologischer Prozesse. Auf zellulärer Ebene können wir jedoch einige wichtige Faktoren identifizieren, die diese immunstärkende Wirkung erklären.

Ein entscheidender Aspekt ist die Exposition gegenüber einer Vielzahl von Mikroorganismen in der natürlichen Umgebung. Die Natur ist reich an Mikroben, einschließlich Bakterien, Pilzen und Viren. Diese Mikroorganismen werden als Kommensalen bezeichnet und leben in unserem Körper, sowie in der natürlichen Umgebung. Durch den Kontakt mit ihnen wird unser Immunsystem herausgefordert und stimuliert.

Ein bekannter Begriff in der Immunologie ist das Konzept des Immuntrainings. Er besagt, dass unser Immunsystem durch den Kontakt mit bestimmten Mikroorganismen trainiert und in der Lage ist, eine schnellere und effizientere Immunantwort auf Krankheitserreger zu liefern. In der Natur sind wir einer größeren Vielfalt von Mikroben ausgesetzt, als in einer sterilen Umgebung, was zu einer verbesserten Immunreaktion führen kann.

Ein weiterer wichtiger Faktor ist die Rolle von Phytonziden und ätherischen Ölen, die von Pflanzen produziert werden. Diese chemischen Verbindungen haben antimikrobielle und entzündungshemmende Eigenschaften. Durch den Kontakt mit Pflanzen in der Natur können diese Verbindungen auf unsere Haut gelangen oder eingeatmet werden, wodurch sie eine positive Wirkung auf das Immunsystem haben können.

Darüber hinaus ist die Natur auch mit einer Vielzahl von natürlichen Reizen verbunden, wie frischer Luft, Sonnenlicht und negativen Ionen. Diese Faktoren können eine entzündungshemmende Wirkung haben und das allgemeine Wohlbefinden fördern, was sich wiederum positiv auf das Immunsystem auswirkt.

Es ist wichtig anzumerken, dass die Stärkung des Immunsystems durch die Natur keine isolierte Maßnahme ist, sondern Teil eines ganzheitlichen Ansatzes zur Förderung der Gesundheit. Eine gesunde Ernährung, ausreichend Schlaf, regelmäßige Bewegung und Stressmanagement spielen ebenfalls eine entscheidende Rolle bei der Stärkung des Immunsystems.

Zusammenfassend lässt sich sagen, dass der Kontakt zur Natur das Immunsystem auf verschiedene Weise stärken kann. Durch die Exposition gegenüber Mikroorganismen, die Aufnahme von Phytonziden und ätherischen Ölen sowie den Kontakt mit natürlichen Reizen werden verschiedene immunstärkende Mechanismen aktiviert. Die Natur bietet eine reichhaltige Quelle an immunmodulierenden Faktoren, die dazu beitragen können, die Abwehrkräfte des Körpers zu stärken und das Risiko von Krankheiten zu verringern.

Erholung

Die Natur hat eine bemerkenswerte Fähigkeit, die körperliche Erholung zu fördern und den Heilungsprozess zu unterstützen. Durch den Kontakt mit der natürlichen Umgebung können verschiedene physiologische Reaktionen ausgelöst werden, die sich positiv auf die Genesung und Erholung des Körpers auswirken.

Eine der wichtigsten Auswirkungen der Natur auf die körperliche Erholung ist die Verringerung von Stress und die Förderung der Entspannung. Stress kann einen erheblichen Einfluss auf den Körper haben und die Genesung von Krankheiten oder Verletzungen behindern. Die Natur bietet eine beruhigende

Umgebung, die dazu beiträgt, Stress abzubauen und den Körper in einen entspannten Zustand zu versetzen. Das Betrachten von grünen Landschaften, das Hören von beruhigenden Naturgeräuschen wie Vogelgesang oder das Spazieren in einem Wald kann dazu beitragen, Stresshormone zu reduzieren und eine positive Stimmung zu fördern.

Darüber hinaus hat die Natur auch eine revitalisierende Wirkung auf den Körper. Der Aufenthalt in der Natur ermöglicht es uns, frische Luft zu atmen und von einer besseren Sauerstoffversorgung zu profitieren. Dies kann dazu beitragen, die Energieproduktion im Körper zu steigern und das allgemeine Wohlbefinden zu verbessern. Zudem ist die Natur oft mit natürlichen Quellen von negativen Ionen, wie z.B. Wasserfällen oder Meeresküsten, verbunden. Negative Ionen haben eine stimulierende Wirkung auf den Körper und können die Stimmung heben, die Energie erhöhen und die Regeneration fördern. Neben der

Reduzierung von Stress und der Steigerung der Energie spielt auch die körperliche Aktivität in der Natur eine wichtige Rolle bei der Förderung der körperlichen Erholung. Die Natur bietet vielfältige Möglichkeiten für Bewegung und körperliche Aktivitäten, sei es durch Spaziergänge, Wanderungen, Radtouren oder andere Freizeitaktivitäten im Freien. Regelmäßige Bewegung fördert die Durchblutung, stärkt das Herz-Kreislauf-System und unterstützt den Aufbau von Muskelkraft. Dies wiederum trägt zur Verbesserung der körperlichen Erholung bei und hilft dem Körper, sich nach Krankheit oder Verletzungen schneller zu regenerieren. Insgesamt hat die Natur eine ganzheitliche Wirkung auf den Körper und fördert die körperliche Erholung auf mehreren Ebenen. Durch die Verringerung von Stress, die Bereitstellung von frischer Luft und negativen Ionen sowie die Förderung von körperlicher Aktivität unterstützt die Natur den Heilungsprozess, verbessert das Wohlbefinden und trägt zur allgemeinen Gesundheit bei. Daher ist es empfehlenswert, regelmäßig Zeit in der Natur zu verbringen, um die positiven Auswirkungen auf die körperliche Erholung voll auszuschöpfen.

Die Natur bietet eine ideale Umgebung für körperliche Aktivität und Bewegung, die sich positiv auf die körperliche Fitness und Gesundheit auswirkt. Naturbasierte Bewegung ermöglicht es uns, unseren Körper auf vielfältige Weise zu trainieren und dabei die Vorteile der natürlichen Umgebung zu nutzen.

Eine der offensichtlichsten Formen der naturbasierten Bewegung ist das Wandern. Beim Wandern werden verschiedene Muskelgruppen im Körper beansprucht, während man über unebenes Gelände geht und Hügel oder Berge erklimmt. Dies stärkt die Beinmuskulatur, fördert die

Kondition und verbessert die Ausdauer. Gleichzeitig bietet das Wandern die Möglichkeit, die Schönheit der Natur zu genießen und Stress abzubauen.

Auch andere Aktivitäten wie Joggen, Radfahren oder Schwimmen in natürlichen Gewässern tragen zur körperlichen Fitness bei. Beim Joggen oder Radfahren in der Natur werden nicht nur die Muskeln trainiert, sondern auch das Herz-Kreislauf-System gestärkt. Das Training in der Natur bietet zudem eine angenehme Abwechslung zur Trainingsroutine in geschlossenen Räumen und motiviert zu mehr Bewegung.

Ein weiterer Vorteil der naturbasierten Bewegung ist die vielfältige und herausfordernde Umgebung. Im Gegensatz zum Training in einem Fitnessstudio oder einer Halle bietet die Natur eine natürliche Umgebung mit unterschiedlichem Terrain, wechselnden Wetterbedingungen und möglichen Hindernissen. Dies fordert den Körper auf unterschiedliche Weise heraus und fördert die Koordination, Gleichgewichtsfähigkeit und Flexibilität. Darüber hinaus hat die Natur auch psychologische Vorteile, die sich auf die körperliche Aktivität auswirken. Das Training in der Natur kann das Wohlbefinden steigern, Stress abbauen und die Motivation erhöhen. Das Gefühl der Verbundenheit mit der Natur und die Freude am Entdecken neuer Landschaften können dazu beitragen, dass die körperliche Aktivität zu einem angenehmen Erlebnis wird und somit die Wahrscheinlichkeit erhöht, dass man regelmäßig aktiv bleibt.

Es ist wichtig zu beachten, dass naturbasierte Bewegung für Menschen jeden Alters und Fitnesslevels zugänglich ist. Sowohl Kinder als auch Erwachsene, können von den positiven Auswirkungen der Bewegung in der Natur profitieren. Es bietet eine Möglichkeit, Zeit im Freien zu verbringen, sich mit der Natur zu verbinden und gleichzeitig die körperliche Fitness zu verbessern.

Insgesamt trägt naturbasierte Bewegung zur Förderung der körperlichen Aktivität und Fitness bei. Durch die vielfältigen Möglichkeiten, die die Natur bietet, sowie die positiven psychologischen Effekte, motiviert sie uns, aktiv zu sein und unseren Körper auf natürliche Weise zu trainieren. Indem wir regelmäßig in der Natur aktiv sind, können wir unsere körperliche Fitness verbessern, Stress abbauen und eine gesündere Lebensweise fördern.

Herzkreislauf

Die Natur hat einen positiven Einfluss auf die Herz-Kreislauf-Gesundheit und kann dazu beitragen, das Risiko von Herzerkrankungen zu verringern. Durch regelmäßige körperliche Aktivität in natürlichen Umgebungen können verschiedene Mechanismen wirken, die die Funktion des Herzens und des Kreislaufsystems verbessern.

Eine der Hauptursachen für Herzerkrankungen ist eine ungesunde Lebensweise, die zu Übergewicht, hohem Blutdruck, erhöhtem Cholesterinspiegel und Insulinresistenz führen kann. Durch körperliche Aktivität in der Natur können diese Risikofaktoren reduziert werden. Zum Beispiel kann das Wandern in bergigem Gelände oder das Joggen auf unebenen Pfaden eine erhöhte Anstrengung erfordern, was zu einer verbesserten Herzfrequenz, einer erhöhten Durchblutung und einer stärkeren Beanspruchung des Herz-Kreislauf-Systems führt. Dadurch wird das Herz gestärkt und die Ausdauer verbessert.

Ein weiterer positiver Effekt der Natur auf die Herz-Kreislauf-Gesundheit ist die Reduzierung von Stress. Stress ist ein wichtiger Risikofaktor für Herzerkrankungen, da er den Blutdruck erhöhen und das Risiko von Herzinfarkten und Schlaganfällen erhöhen kann. Die natürliche Umgebung bietet eine entspannende Atmosphäre, in der Stress abgebaut und die Stresshormone im Körper reduziert werden können. Dies führt zu einer Entlastung des Herz-Kreislauf-Systems und einer Verbesserung der Gesundheit.

Des Weiteren spielt die natürliche Umgebung eine Rolle bei der Verbesserung der Luftqualität, insbesondere in Waldgebieten. In der Natur gibt es weniger Schadstoffe und eine höhere Sauerstoffkonzentration, was sich positiv auf die Lungenfunktion und den Sauerstofftransport im Blut auswirkt. Eine bessere Sauerstoffversorgung des Herzmuskels führt zu einer verbesserten Herzleistung und einer Reduzierung des Risikos von Herzerkrankungen.

Zusätzlich zur körperlichen Aktivität und der Reduzierung von Stress bietet die Natur auch andere gesundheitsfördernde Eigenschaften, die sich positiv auf die Herz-Kreislauf-Gesundheit auswirken. Der Kontakt mit natürlichen Elementen wie Sonnenlicht, frischer Luft und grünen Landschaften kann zu einer besseren Stimmung, erhöhtem Wohlbefinden und einer positiven Einstellung beitragen. Dies kann wiederum den Blutdruck senken, die Herzfrequenz stabilisieren und die allgemeine Herzgesundheit verbessern.

Insgesamt zeigt die Forschung, dass die Natur einen signifikanten Einfluss auf die Herz-Kreislauf-Gesundheit hat. Durch körperliche Aktivität in der Natur, die Reduzierung von Stress und den Kontakt mit natürlichen Elementen können positive Effekte auf das Herz-Kreislauf-System erzielt werden.

Dies trägt zur Vorbeugung von Herzerkrankungen bei und fördert eine gesunde Herzfunktion. Es ist wichtig, regelmäßige Aktivitäten in der Natur in den Alltag zu integrieren, um von den positiven Effekten auf die Herz-Kreislauf-Gesundheit zu profitieren.

Naturbasierte Bewegung und körperliche Fitness bieten eine Vielzahl von Möglichkeiten, um das Herz-Kreislauf-System zu stärken. Aktivitäten wie Wandern, Laufen, Radfahren, Schwimmen und andere Outdoor-Sportarten sind ausgezeichnete Optionen, um den Körper zu trainieren und gleichzeitig die natürliche Umgebung zu genießen. Diese

Aktivitäten erhöhen die Herzfrequenz und verbessern die Durchblutung, was zu einer stärkeren Herzkontraktion und einer besseren Sauerstoffversorgung der Muskeln führt.

Ein wichtiger Aspekt der naturbasierten Bewegung ist die Vielfalt der Bewegungsmuster, die dabei zum Einsatz kommen. Im Gegensatz zu einem monotonen Training im Fitnessstudio bietet die Natur eine abwechslungsreiche Landschaft mit unebenem Gelände, unterschiedlichen Bodenbeschaffenheiten und verschiedenen Hindernissen. Dies erfordert eine Anpassung des Körpers an verschiedene Bewegungsmuster und stärkt die Muskeln, Sehnen und Bänder, die für eine gute Körperstabilität und Koordination wichtig sind.

Darüber hinaus bieten natürliche Umgebungen eine angenehme und motivierende Atmosphäre für körperliche Aktivitäten. Im Vergleich zu geschlossenen Räumen können Aktivitäten in der Natur das Gefühl von Freiheit, Abenteuer und Entdeckung vermitteln. Dies trägt dazu bei, dass Menschen länger aktiv bleiben und ihre körperliche Fitness verbessern. Außerdem ist die natürliche Umgebung oft mit positiven emotionalen Reizen verbunden, was zu einer Steigerung des Wohlbefindens und einer positiven Einstellung gegenüber körperlicher Aktivität führt. Die positiven Effekte der Natur auf die körperliche Aktivität und die Herz-Kreislauf-Gesundheit lassen sich auch auf den sogenannten „Grünen Effekt" zurückführen. Die grüne Umgebung der Natur wirkt beruhigend und stressreduzierend auf das Nervensystem, was zu einer verbesserten Entspannungsfähigkeit und einem erhöhten Wohlbefinden führt. Dies ermöglicht es Menschen, ihre körperliche Aktivität effektiver durchzuführen und von den gesundheitlichen Vorteilen zu profitieren.

Zusammenfassend lässt sich sagen, dass naturbasierte Bewegung und körperliche Fitness positive Auswirkungen auf die Herz-Kreislauf-Gesundheit haben. Die Kombination aus regelmäßiger körperlicher Aktivität in der Natur, der Vielfalt der Bewegungsmuster und der angenehmen Atmosphäre führt zu einer Stärkung des Herz-Kreislauf-Systems und einer Verbesserung der körperlichen Fitness. Es ist ratsam, die Möglichkeiten der Natur zu nutzen und sie als inspirierenden und gesunden Raum für körperliche Aktivitäten einzubeziehen.

Der Schlaf

Die Natur kann einen signifikanten Einfluss auf die Qualität des Schlafs haben und zu einer verbesserten Erholung während der nächtlichen Ruhephase beitragen. Untersuchungen haben gezeigt, dass Naturerlebnisse eine beruhigende und stressreduzierende Wirkung auf den Organismus haben, was zu einer tieferen und erholsameren Schlafphase führen kann.

Ein wichtiger Faktor, der die Schlafqualität beeinflusst, ist die Regulation des circadianen Rhythmus, auch als Schlaf-Wach-Rhythmus bekannt. Der circadiane Rhythmus wird durch den natürlichen Lichteinfluss gesteuert und synchronisiert den Schlaf-Wach-Zyklus mit dem Tageslicht. Naturerlebnisse bieten die Möglichkeit, sich dem natürlichen Licht auszusetzen und den circadianen Rhythmus optimal einzustellen. Durch den Aufenthalt im Freien und den Kontakt mit Tageslicht wird die Produktion des Schlafhormons Melatonin am Abend angeregt, wodurch das Einschlafen erleichtert und die Schlafqualität verbessert werden kann.

Darüber hinaus spielen auch die Umgebungsgeräusche eine entscheidende Rolle für einen erholsamen Schlaf. Naturklänge wie das Rauschen von Blättern, das Zwitschern von Vögeln oder das Plätschern eines Baches haben eine beruhigende Wirkung auf das Nervensystem. Diese natürlichen Klänge können stressreduzierend wirken und helfen, unerwünschte Geräusche oder störende Gedanken zu überdecken, die den Schlaf beeinträchtigen könnten.

Ein weiterer wichtiger Aspekt ist die Luftqualität in natürlichen Umgebungen. In der Natur ist die Luft in der Regel frischer und reicher an Sauerstoff. Dieser

Sauerstoffreichtum fördert eine bessere Sauerstoffversorgung des Körpers während des Schlafs und trägt zur Regeneration und Erholung bei. Zudem sind natürliche Umgebungen oft frei von schädlichen Schadstoffen und Allergenen, die in geschlossenen Räumen häufig vorkommen können, und tragen somit zu einer gesünderen Schlafumgebung bei.

Naturerlebnisse können auch zur Entspannung beitragen und das Stressniveau senken, was wiederum zu einer verbesserten Schlafqualität führt. Die natürliche Umgebung wirkt auf das autonome Nervensystem beruhigend, was zu einer Reduktion der Aktivität des sympathischen Nervensystems und einer verstärkten Aktivität des parasympathischen Nervensystems führen kann. Dies fördert eine tiefe Entspannung und Bereitschaft für einen erholsamen Schlaf.

Zusammenfassend lässt sich sagen, dass Naturerlebnisse die Schlafqualität durch verschiedene Mechanismen verbessern können. Die Regulation des circadianen Rhythmus, die beruhigenden Umgebungsgeräusche, die frische Luft und die stressreduzierende Wirkung der Natur tragen zu einem tieferen, erholsameren Schlaf bei. Um von den positiven Auswirkungen der Natur auf den Schlaf zu profitieren, ist es ratsam, Zeit in natürlichen Umgebungen zu verbringen und bewusst Naturerlebnisse in den Alltag zu integrieren. Dies kann beispielsweise durch regelmäßige Spaziergänge in der Natur, das Einrichten eines grünen Rückzugsortes im eigenen Garten oder das Planen von Naturausflügen geschehen.

Es ist wichtig anzumerken, dass die individuellen Reaktionen auf Naturerlebnisse variieren können. Manche Menschen empfinden bestimmte natürliche Umgebungen als besonders beruhigend und entspannend, während andere möglicherweise andere Vorlieben haben.

Daher ist es empfehlenswert, verschiedene Naturerlebnisse auszuprobieren und herauszufinden, welche Umgebungen und Aktivitäten den persönlichen Schlaf am besten unterstützen.

Es ist auch erwähnenswert, dass die Auswirkungen der Natur auf den Schlaf nicht isoliert betrachtet werden sollten. Ein gesunder Schlaf hängt von einer ganzheitlichen Herangehensweise an die Schlafhygiene ab, einschließlich einer geeigneten Schlafumgebung, einer regelmäßigen Schlafroutine und gesunder Lebensgewohnheiten insgesamt. Die Natur kann jedoch als wertvolle Ergänzung und Unterstützung dienen, um die Schlafqualität zu optimieren und zu einer verbesserten körperlichen Gesundheit beizutragen.

Insgesamt zeigen die Forschungsergebnisse, dass Naturerlebnisse eine positive Auswirkung auf die Schlafqualität haben können. Die Verbindung mit der natürlichen Umgebung, die beruhigenden Geräusche, die frische Luft und die Stressreduktion können den Schlafzyklus verbessern und zu einer erholsamen Nachtruhe beitragen. Indem wir bewusst Zeit in der Natur verbringen und die heilende Kraft der Natur nutzen, können wir unsere körperliche Gesundheit unterstützen und zu einem ausgeglichenen und erfrischenden Schlaf gelangen.

Die Natur spielt eine bedeutende Rolle bei der Regulation unseres Schlaf-Wach-Rhythmus, auch bekannt als zirkadianer Rhythmus. Dieser Rhythmus ist ein biologischer Mechanismus, der unseren Schlaf und unsere Wachheit über einen Zeitraum von etwa 24 Stunden reguliert. Eine stabile und gut funktionierende zirkadiane Rhythmik ist entscheidend für einen gesunden Schlaf und eine optimale körperliche Gesundheit.

Die natürliche Umgebung bietet eine Reihe von Faktoren, die den zirkadianen Rhythmus beeinflussen können. Ein wesentlicher Faktor ist das Vorhandensein von Tageslicht. Das Sonnenlicht enthält eine bestimmte Wellenlänge des blauen Lichts, das direkt auf unsere Augen trifft und die Produktion des Hormons Melatonin beeinflusst. Melatonin ist ein wichtiges Hormon, das maßgeblich an der Regulierung des Schlafs beteiligt ist. Tagsüber, wenn wir dem Tageslicht ausgesetzt sind, wird die Melatoninproduktion unterdrückt und wir fühlen uns wach und aktiv. In der Dämmerung und während der Nacht steigt die Melatoninproduktion an und bereitet unseren Körper auf den Schlaf vor.

Der Aufenthalt in der Natur ermöglicht es uns, von dieser natürlichen Lichtquelle zu profitieren und unseren zirkadianen Rhythmus besser zu synchronisieren. Insbesondere am Morgen, wenn das Sonnenlicht besonders intensiv ist, kann ein Spaziergang in der Natur dazu beitragen, die Melatoninproduktion zu reduzieren und unseren Körper in einen wachen Zustand zu versetzen. Gleichzeitig unterstützt die natürliche Dunkelheit in den Abendstunden die Produktion von Melatonin und bereitet uns auf einen erholsamen Schlaf vor. Darüber hinaus spielt auch die Natur selbst eine beruhigende und stressreduzierende Rolle, die ebenfalls zur Regulation des Schlaf-Wach-Rhythmus beiträgt. Der Kontakt mit der Natur kann dazu beitragen, Stress abzubauen und den Körper in einen entspannten Zustand zu versetzen. Eine geringere Stressbelastung wirkt sich positiv auf den Schlaf aus und ermöglicht einen leichteren Übergang in den Schlafzustand. Psychologische Aspekte spielen ebenfalls eine Rolle bei der Regulation des Schlaf-Wach-Rhythmus. Der Aufenthalt in der Natur bietet uns eine Auszeit von den täglichen Belastungen und schafft einen Raum für Entspannung und Erholung. Dies fördert eine positive Schlafumgebung und kann zu einer verbesserten Schlafqualität führen.

Zusammenfassend lässt sich sagen, dass die Natur einen positiven Einfluss auf die Regulation des Schlaf-Wach-Rhythmus hat. Das natürliche Tageslicht, die Dunkelheit in den Abendstunden sowie die beruhigende und stressreduzierende Wirkung der Natur tragen dazu bei, unseren zirkadianen Rhythmus zu synchronisieren und einen gesunden Schlaf zu fördern. Indem wir uns bewusst Zeit in der Natur nehmen und unseren Körpern die Möglichkeit geben, sich an die natürlichen Rhythmen anzupassen, können wir unseren Schlaf-Wach-Rhythmus optimieren und zu einer verbesserten Schlafqualität gelangen.

Psychische Gesundheit

Die Natur hat eine bemerkenswerte Fähigkeit, als Stresspuffer zu wirken und Stress sowie Angst abzubauen. Zahlreiche Studien haben gezeigt, dass der Kontakt mit der Natur positive Auswirkungen auf unsere psychische Gesundheit hat. Doch wie genau beeinflusst die Natur unseren Körper und Geist in Bezug auf Stress und Angst?

Ein wesentlicher Aspekt ist die physiologische Reaktion unseres Körpers auf die Natur. Wenn wir uns in natürlicher Umgebung befinden, werden bestimmte biologische Mechanismen aktiviert, die zur Reduktion von Stress beitragen. Eine wichtige Komponente dabei ist das autonome Nervensystem, das aus dem sympathischen und parasympathischen Teil besteht. Der sympathische Teil ist für die Stressreaktion verantwortlich und aktiviert den sogenannten Kampf-oder-Flucht-Modus, während der parasympathische Teil für Entspannung und Erholung sorgt.

Der Aufenthalt in der Natur fördert die Aktivität des parasympathischen Nervensystems und führt zu einer vermehrten Ausschüttung von Neurotransmittern wie Serotonin und Dopamin. Diese Neurotransmitter sind mit positiven Gefühlen, Entspannung und Wohlbefinden verbunden. Gleichzeitig wird die Produktion von Stresshormonen wie Cortisol reduziert. Dieser Effekt trägt dazu bei, dass wir uns in der Natur ruhiger, entspannter und weniger gestresst fühlen. Psychologische Mechanismen spielen ebenfalls eine Rolle bei der Stressreduktion durch die Natur. Der Aufenthalt in natürlicher Umgebung bietet eine Auszeit von den Anforderungen des Alltags und ermöglicht es uns, unsere Aufmerksamkeit auf die Schönheit und Ruhe der Natur zu lenken. Dadurch können negative Gedanken und Sorgen in den Hintergrund treten, was zu einer Entlastung des Geistes und einer Verringerung von Angstzuständen führt. Zudem fördert die Natur den Fokus auf positive Reize und Sinneserfahrungen, wie den Klang von Vogelgesang, das Rauschen von Bäumen oder den Duft von Blumen. Diese positiven Sinneserlebnisse haben eine beruhigende Wirkung und können Stressreaktionen reduzieren. Des Weiteren spielt die biophilische Wirkung der Natur eine bedeutende Rolle bei der Stressreduktion. Biophilie bezeichnet die angeborene Verbindung zwischen Menschen und der Natur. Der Kontakt mit natürlichen Elementen wie Pflanzen, Wasser und Landschaften hat nachweislich positive Auswirkungen auf unsere Stimmung und psychische Gesundheit. Die biophilische Wirkung der Natur kann dazu beitragen, Stress zu mindern und ein Gefühl von Verbundenheit und Ausgeglichenheit zu vermitteln.

Zusammenfassend lässt sich sagen, dass die Natur als Stresspuffer fungiert und die Reduktion von Stress und Angstzuständen begünstigt. Durch physiologische Reaktionen wie die Aktivierung des parasympathischen Nervensystems, die Ausschüttung von positiven Neurotransmittern und die Verringerung von Stresshormonen trägt die Natur zu einem entspannten und ausgeglichenen Zustand bei. Zudem bieten psychologische Faktoren, wie die Auszeit von den Anforderungen des Alltags, die Fokussierung auf positive Sinneserfahrungen und die biophilische Wirkung verstärken den Effekt der Stressreduktion.

In der medizinischen Praxis werden zunehmend naturbasierte Interventionen zur Stressbewältigung eingesetzt. Naturtherapien wie beispielsweise Waldbaden oder Gartenarbeit haben sich als wirksam erwiesen, um Stress abzubauen und das Wohlbefinden zu steigern. Diese Therapien nutzen gezielt die entspannende und beruhigende Wirkung der Natur, um psychische Belastungen zu reduzieren.

Darüber hinaus spielen auch individuelle Unterschiede eine Rolle bei der Stressbewältigung durch die Natur. Menschen, die eine höhere Naturverbundenheit aufweisen, können in der Regel stärker von den positiven Effekten der Natur profitieren. Ihre emotionale Bindung und Wertschätzung gegenüber der natürlichen Umwelt verstärkt die positiven psychischen Reaktionen.

Es ist wichtig anzumerken, dass die Stressreduktion durch die Natur nicht als alleinige Behandlungsmethode für psychische Erkrankungen betrachtet werden sollte. Sie kann jedoch eine wertvolle Ergänzung zu anderen therapeutischen Ansätzen sein und dazu beitragen, Stress und Angstzustände zu lindern.

Insgesamt zeigt sich, dass die Natur eine wirksame Stresspufferrolle einnehmen kann und eine Vielzahl von psychischen Auswirkungen hat. Durch physiologische Reaktionen, psychologische Mechanismen und die biophilische Wirkung trägt sie zur Reduktion von Stress und Angst bei. Die Integration von Naturerlebnissen und naturbasierten Therapien in unseren Alltag kann somit einen bedeutenden Beitrag zur Förderung unserer psychischen Gesundheit leisten.

Die Auswirkungen der Natur auf den menschlichen Körper, insbesondere in Bezug auf die Reduktion von Stress und Angst, können vielfältig und bedeutsam sein. Untersuchungen haben gezeigt, dass der Aufenthalt in natürlicher Umgebung positive Auswirkungen auf unsere psychische Gesundheit hat, was sich in einer Verringerung von Stress und Angst widerspiegelt.

Ein wichtiger Faktor bei der Stressreduktion ist der Rückgang der Stresshormone, insbesondere von Cortisol. Die Interaktion mit der Natur kann dazu beitragen, die Produktion von Cortisol zu regulieren und zu verringern. Studien haben gezeigt, dass Menschen, die Zeit in der Natur verbringen, niedrigere Cortisolspiegel aufweisen als diejenigen, die sich hauptsächlich in städtischen Umgebungen aufhalten. Dies ist besonders relevant, da ein erhöhter Cortisolspiegel mit Stress, Angstzuständen und anderen psychischen Gesundheitsproblemen in Verbindung gebracht wird.

Ein Spaziergang im Wald, ein Tag am Strand oder das Sitzen im Garten kann zu einer erholsamen und beruhigenden Erfahrung werden. Die natürliche Umgebung bietet eine Reihe von positiven Reizen, wie frische Luft, Sonnenlicht, das Rauschen von Blättern oder das Plätschern von Wasser. Diese Reize haben eine beruhigende Wirkung auf das Nervensystem und können dabei helfen, die Aktivität des sympathischen Nervensystems zu reduzieren, das für die Kampf- oder Fluchtreaktion verantwortlich ist. Indem wir uns in der Natur aufhalten, geben wir unserem Körper die Möglichkeit, sich zu entspannen und Stress abzubauen.

Darüber hinaus fördert die Natur auch eine erhöhte körperliche Aktivität. Beim Wandern, Radfahren oder einfach nur beim Spazierengehen in der Natur bewegen wir uns mehr und betätigen uns körperlich. Körperliche Aktivität ist eng mit der Freisetzung von Endorphinen verbunden, den sogenannten Glückshormonen. Diese Endorphine wirken als natürliche Stimmungsaufheller und können dazu beitragen, Stress und Angst abzubauen.

Neben der direkten Interaktion mit der Natur können auch visuelle Reize wie grüne Landschaften, Blumen oder

Pflanzen eine positive Wirkung auf unsere Stimmung und unser Wohlbefinden haben. Das Betrachten von natürlichen Elementen kann unsere Aufmerksamkeit von belastenden Gedanken und Sorgen ablenken und ein Gefühl der Ruhe und Gelassenheit vermitteln.

Insgesamt haben Studien gezeigt, dass die Natur einen signifikanten Einfluss auf unsere psychische Gesundheit hat. Durch die Verringerung von Stress und Angst kann der Körper in einen Zustand der Entspannung und des Wohlbefindens gelangen. Daher ist es wichtig, regelmäßig Zeit in der Natur zu verbringen und die positiven Auswirkungen auf unseren Körper und Geist zu nutzen. Die psychischen Auswirkungen der Natur auf den Körper sind in Bezug auf die Förderung der mentalen Gesundheit äußerst bedeutsam, insbesondere im Hinblick auf die Stimmung und das emotionale Wohlbefinden. Dieser Zusammenhang kann durch verschiedene Mechanismen erklärt werden, die auf neurobiologischen, psychologischen und evolutionären Grundlagen beruhen.

Ein entscheidender Faktor ist die Wirkung der Natur auf unser Belohnungssystem im Gehirn. Die Betrachtung natürlicher Landschaften und Umgebungen stimuliert Regionen im Gehirn, die mit Belohnung, Freude und Wohlbefinden assoziiert sind, wie beispielsweise den Nucleus accumbens und den präfrontalen Cortex. Dieser Prozess wird durch die Freisetzung von Neurotransmittern wie Dopamin und Serotonin unterstützt, die die Stimmung positiv beeinflussen können. Durch die Aktivierung des Belohnungssystems kann die Natur daher eine direkte und messbare Wirkung auf unser emotionales Wohlbefinden haben.

Darüber hinaus wirkt sich die Natur auch positiv auf unseren Stressabbau und unsere Erholung aus. Das Betrachten von natürlichen Elementen, wie beispielsweise einem malerischen Sonnenuntergang oder dem sanften Rauschen eines Flusses, kann eine beruhigende Wirkung auf unser Nervensystem haben. Dieser Effekt wird durch die Aktivierung des parasympathischen Nervensystems verstärkt, das für die Entspannung und Erholung zuständig ist. Die Verringerung von Stresshormonen wie Cortisol trägt dazu bei, unsere Stimmung zu verbessern und ein Gefühl des Wohlbefindens zu fördern.

Ein weiterer interessanter Aspekt ist die Theorie der biophilen Bindung, die besagt, dass der Mensch eine angeborene Verbindung zur Natur hat, die sich positiv auf unsere psychische Gesundheit auswirkt. Diese Verbindung resultiert aus der evolutionären Anpassung des Menschen an die natürliche Umgebung und führt dazu, dass wir uns in natürlichen Umgebungen wohl und sicher fühlen. Der Anblick von Bäumen, Pflanzen und natürlichen Landschaften ruft ein Gefühl von Verbundenheit und Harmonie hervor, was wiederum zu einer verbesserten Stimmung und einem gesteigerten emotionalen Wohlbefinden führt.

Darüber hinaus bietet die Natur auch Möglichkeiten zur Erholung von mentaler Ermüdung und zur Förderung der Konzentration. Die sogenannte Aufmerksamkeitsreduktions-Theorie besagt, dass die Natur eine Umgebung mit reduziertem kognitivem Aufwand und weniger Ablenkungen darstellt. Dies ermöglicht es unserem Gehirn, sich zu regenerieren und unsere kognitive Leistungsfähigkeit wiederherzustellen. Indem wir uns in der Natur aufhalten, können wir unsere mentalen Ressourcen aufladen und ein Gefühl der Klarheit und Fokussierung erlangen. Insgesamt zeigen diese verschiedenen Mechanismen, wie die Natur unser emotionales Wohlbefinden und unsere Stimmung positiv beeinflusst. Durch die Stimulation des Belohnungssystems und die Reduzierung von Stresshormonen fördert die Natur ein erhöhtes emotionales Wohlbefinden. Diese positiven Effekte können langfristig zu einer besseren mentalen Gesundheit führen.

Es ist wichtig anzumerken, dass die Auswirkungen der Natur auf die Stimmung und das emotionale Wohlbefinden individuell unterschiedlich sein können. Einige Menschen reagieren möglicherweise stärker auf die natürlichen Reize und empfinden eine schnellere und intensivere Verbesserung ihrer Stimmung. Andere hingegen benötigen möglicherweise längere Aufenthalte in der Natur, um ähnliche positive Effekte zu erzielen.

Darüber hinaus kann die Wirkung der Natur auf die psychische Gesundheit durch verschiedene Faktoren moduliert werden, wie beispielsweise persönliche Vorlieben, kultureller Hintergrund und Umweltbedingungen. Ein Mensch, der in einer städtischen Umgebung aufgewachsen ist, könnte anfänglich möglicherweise weniger positive Auswirkungen der Natur verspüren, als jemand, der in ländlichen Gebieten aufgewachsen ist. Dennoch können auch diese Menschen von regelmäßigen Naturerlebnissen profitieren und allmählich eine Steigerung ihres emotionalen Wohlbefindens erfahren.

Um die positiven Auswirkungen der Natur auf die mentale Gesundheit optimal zu nutzen, ist es ratsam, regelmäßige Zeit im Freien zu verbringen. Selbst kurze Spaziergänge im Park, das Aufstellen von Pflanzen in Innenräumen oder das Betrachten von Naturfotos können positive Effekte haben. Es geht darum, bewusst Zeit in der Natur zu verbringen und die Sinne auf die natürlichen Reize auszurichten.

In einer Welt, die zunehmend von urbanen Umgebungen und Technologie geprägt ist, kann die Integration von

Natur in unseren Alltag eine wertvolle Strategie sein, um unser emotionales Wohlbefinden zu fördern. Die Schaffung von grünen Räumen in Städten, der Erhalt von Naturschutzgebieten und die Förderung von Naturerlebnissen für alle Altersgruppen sind wichtige Schritte, um die positiven psychischen Auswirkungen der Natur auf den Körper zu maximieren.

Insgesamt ist die Natur ein kraftvolles Werkzeug zur Förderung der mentalen Gesundheit. Sie bietet uns die Möglichkeit, Stress abzubauen, positive Emotionen zu erleben, unsere Aufmerksamkeit zu erholen und ein Gefühl der Verbundenheit und Harmonie zu entwickeln. Indem wir die heilende Kraft der Natur anerkennen und nutzen, können wir einen bedeutenden Beitrag zu unserem eigenen Wohlbefinden und unserer psychischen Gesundheit leisten.

Depressionen

Die Verbindung zwischen Natur und der Bewältigung von Depressionen ist ein faszinierendes Forschungsfeld, das die komplexe Wechselwirkung zwischen der natürlichen Umgebung und unserem psychischen Wohlbefinden beleuchtet. Untersuchungen haben gezeigt, dass die Natur eine bedeutende Rolle bei der Linderung von depressiven Symptomen spielen kann, und dies lässt sich durch verschiedene Mechanismen erklären.

Ein entscheidender Aspekt ist die Wirkung der Natur auf das neurobiologische System des Gehirns, insbesondere auf die Regulation von Neurotransmittern wie Serotonin und Dopamin. Serotonin ist ein Neurotransmitter, der für die Regulierung der Stimmung verantwortlich ist, während Dopamin mit Belohnung und Motivation in Verbindung gebracht wird. Durch den Aufenthalt in der Natur kann die Freisetzung und Verfügbarkeit dieser Neurotransmitter erhöht werden, was zu einer Verbesserung der Stimmung und einer Verringerung depressiver Symptome führen kann.

Ein weiterer wichtiger Faktor ist die Wirkung der Natur auf die Stressreaktion des Körpers. Chronischer Stress kann ein Auslöser für Depressionen sein und das Risiko für depressive Episoden erhöhen. Die Natur bietet eine Umgebung, die als stressreduzierend und beruhigend empfunden wird. Der Anblick von natürlichen Landschaften, das Hören von Vogelgesang oder das Rauschen eines Wasserfalls kann dazu beitragen, den Stresspegel zu senken und die körperliche Entspannung zu fördern. Diese Effekte sind eng mit der Aktivierung des parasympathischen

Nervensystems verbunden, das für die Erholung und Entspannung zuständig ist.

Darüber hinaus bietet die Natur auch Möglichkeiten zur Bewegung und körperlichen Aktivität, die sich positiv auf die Stimmung und das psychische Wohlbefinden auswirken können. Regelmäßige Bewegung ist ein wichtiger Bestandteil der Behandlung von Depressionen und kann die Freisetzung von Endorphinen stimulieren, die als natürliche Stimmungsverbesserer fungieren. Die Natur bietet eine angenehme und motivierende Umgebung, um körperlich aktiv zu sein, sei es durch Spaziergänge, Radfahren oder andere Outdoor-Aktivitäten.

Ein weiterer interessanter Aspekt ist die Theorie der Attention-Restoration. Diese besagt, dass die Natur eine Umgebung mit reduziertem kognitivem Aufwand und weniger Ablenkungen darstellt, was es unserem Gehirn ermöglicht, sich zu regenerieren und unsere kognitive Leistungsfähigkeit wiederherzustellen. Dieser Effekt kann dazu beitragen, negative Denkmuster und Grübelschleifen, die häufig mit Depressionen einhergehen, zu unterbrechen und den Fokus auf positive und erfrischende Erfahrungen in der Natur zu lenken.

Es ist wichtig anzumerken, dass die Natur allein keine vollständige Behandlung für Depressionen darstellt und professionelle Unterstützung weiterhin von entscheidender Bedeutung ist. Dennoch kann die Integration von Naturerlebnissen in die Behandlungsansätze für Depressionen eine wertvolle Ergänzung sein und positive Effekte auf das psychische Wohlbefinden haben.

Insgesamt zeigt die Forschung, dass die Natur eine vielversprechende Ressource für die Förderung der mentalen Gesundheit und die Bewältigung von Depressionen ist. Indem wir uns mit den elementaren Aspekten der natürlichen Umgebung verbinden, können wir eine Reihe von positiven Effekten auf unsere psychische Gesundheit erfahren.

Um diese Effekte optimal zu nutzen, können verschiedene Ansätze verfolgt werden. Natürliche Umgebungen sollten als therapeutische Ressourcen in die Behandlungspläne für Depressionen einbezogen werden. Ärzte und Therapeuten können ihren Patienten empfehlen, Zeit in der Natur zu verbringen, sei es durch Spaziergänge im Park, Gartenarbeit oder den Besuch von Grünflächen. Diese Aktivitäten können als Ergänzung zu anderen Behandlungsmethoden wie Psychotherapie und Medikamenten eingesetzt werden.

Darüber hinaus können Umweltinterventionen gezielt eingesetzt werden, um den Zugang zur Natur zu erleichtern. Die Schaffung von grünen Räumen in städtischen Gebieten, die Entwicklung von Parks und Gärten, sowie die Erhaltung von natürlichen Landschaften sind wichtige Schritte, um die Integration der Natur in unseren Alltag zu fördern. Es ist entscheidend, dass die Natur für alle Bevölkerungsgruppen zugänglich ist, unabhängig von ihrem sozioökonomischen Hintergrund oder ihrem Wohnort. Die Förderung der mentalen Gesundheit durch die Natur erfordert auch eine gesellschaftliche und politische Anerkennung der Bedeutung dieser Verbindung. Es ist wichtig, das Bewusstsein für die positiven Auswirkungen der Natur auf die psychische Gesundheit zu schärfen und Ressourcen bereitzustellen, um den Zugang zur Natur zu erleichtern und die Umwelt zu schützen.

Insgesamt verdeutlicht die wachsende Forschung den engen Zusammenhang zwischen der Natur und der Bewältigung von Depressionen. Die natürliche Umgebung bietet uns eine reichhaltige Quelle der Heilung und Erholung, die unsere mentale Gesundheit stärken kann. Indem wir die transformative Kraft der Natur nutzen und sie in unseren Lebensstil integrieren, können wir einen bedeutenden Einfluss auf unsere psychische Gesundheit und unser Wohlbefinden nehmen.

Die psychischen Auswirkungen der Natur auf den Körper manifestieren sich auch in den kognitiven Funktionen, insbesondere in der Verbesserung der Konzentration und Aufmerksamkeit. Die Natur bietet eine einzigartige Umgebung, die eine Fülle von Reizen bietet, die unsere kognitiven Prozesse anregen und fördern können.

Eine bedeutende Komponente ist die sogenannte Attention-Restoration-Theory (Theorie der Aufmerksamkeitswiederherstellung), die darauf abzielt, die begrenzte Aufmerksamkeit, die in unserer modernen, hektischen Welt oft überbeansprucht wird, wiederherzustellen. Die Natur stellt dabei eine Umgebung dar, die sanfte, natürliche Reize bietet, wie das Rauschen von Blättern im Wind oder das Zwitschern von Vögeln. Diese Reize werden als „weiche Hinweisreize“ bezeichnet und können eine beruhigende und fokussierende Wirkung auf unser Gehirn haben. Sie ermöglichen es uns, unsere Aufmerksamkeit zu erholen und uns von mentaler Erschöpfung zu regenerieren.

Darüber hinaus ermöglicht uns die Natur auch, aus der Überbeanspruchung von sogenannten harten Hinweisreizen zu entkommen, die oft in städtischen Umgebungen vorhanden sind. Diese harten Hinweisreize umfassen visuelle Ablenkungen wie Werbetafeln, laute Geräusche oder eine Vielzahl von Menschenmassen. Indem wir uns in natürliche Umgebungen begeben, verringern wir die Überflutung unserer Sinne mit diesen störenden Reizen und schaffen Raum für eine verbesserte Konzentration und Fokussierung.

Kognitive Erholung

Ein weiterer wichtiger Aspekt ist die Verbindung zwischen der Natur und der kognitiven Erholung. Studien haben gezeigt, dass der Aufenthalt in der Natur, sei es durch einen Spaziergang im Wald oder das Betrachten eines malerischen Sonnenuntergangs, die geistige Ermüdung reduzieren und die kognitive Leistungsfähigkeit verbessern kann. Dieser Effekt wird durch die Erholung der sogenannten direkten Aufmerksamkeit ermöglicht, die für anspruchsvolle kognitive Aufgaben benötigt wird. Durch die Exposition gegenüber natürlichen Reizen können wir unsere kognitive Erschöpfung verringern und unsere geistige Frische wiederherstellen.

Des Weiteren bietet die Natur auch Möglichkeiten zur Förderung der Kreativität und des problemorientierten Denkens. Der Wechsel zu einer natürlichen Umgebung kann die kognitive Flexibilität verbessern und neue Perspektiven ermöglichen. Die vielfältigen Muster, Farben und Texturen der Natur bieten einen inspirierenden Hintergrund für kreative Gedanken und Ideen. Indem wir uns in der Natur aufhalten, können wir unser kognitives Potenzial entfalten und innovative Lösungsansätze entwickeln.

Zusammenfassend lässt sich sagen, dass die Natur einen signifikanten Einfluss auf unsere kognitiven Funktionen hat. Durch die Schaffung einer Umgebung, die sanfte Hinweisreize bietet, ermöglicht sie die Wiederherstellung der Aufmerksamkeit und die Verringerung von Ablenkungen. Darüber hinaus fördert die Natur die kognitive Erholung und verbessert die geistige Frische. Sie bietet einen Raum, in dem unser Gehirn sich regenerieren kann, indem es von der Überlastung und dem Stress der modernen Welt abschaltet. Durch den Kontakt mit natürlichen Reizen, können wir unsere kognitive Erschöpfung reduzieren und unsere Konzentration sowie kognitive Leistungsfähigkeit steigern.

Ein weiterer interessanter Aspekt ist die Beziehung zwischen Natur und der Förderung von Achtsamkeit. Achtsamkeit bezieht sich auf das bewusste und nicht wertende Wahrnehmen des gegenwärtigen Augenblicks. Die Natur bietet eine ideale Umgebung, um Achtsamkeit zu üben, da sie uns mit ihren verschiedenen Elementen und Details dazu einlädt, im Hier und Jetzt präsent zu sein. Durch das bewusste Beobachten der Natur können wir unsere Aufmerksamkeit schulen und eine tiefe Verbindung zu unserer Umgebung herstellen.

Darüber hinaus bietet die Natur auch eine reiche sensorische Erfahrung, die unsere Wahrnehmungsfähigkeit stimuliert. Das Betrachten von malerischen Landschaften, das Fühlen von natürlichen Texturen, das Riechen von frischer Luft oder das Hören von natürlichen Klängen erweckt unsere Sinne und eröffnet uns eine neue Welt der sensorischen Stimulation. Dies kann dazu beitragen, unsere Wahrnehmungsfähigkeit zu erweitern, unsere Sinne zu schärfen und unsere kognitive Flexibilität zu verbessern.

Neben diesen kognitiven Effekten kann die Natur auch langfristige Auswirkungen auf unser Gehirn haben. Untersuchungen haben gezeigt, dass regelmäßige Aufenthalte in der Natur die Bildung neuer Nervenzellen in bestimmten Bereichen des Gehirns, wie dem Hippocampus, fördern können. Der Hippocampus spielt eine wichtige Rolle bei der Gedächtnisbildung und dem Lernen. Durch die Förderung der Neurogenese in diesem Bereich kann die Natur langfristige kognitive Vorteile bieten, einschließlich einer verbesserten Gedächtnisleistung und kognitiven Flexibilität.

Insgesamt unterstreichen die kognitiven Effekte der Natur die Bedeutung des Kontakts mit natürlichen Umgebungen für unsere geistige Gesundheit und kognitive Leistungsfähigkeit. Durch die Schaffung von Gelegenheiten, Zeit in der Natur zu verbringen und bewusst die Reize und Details der natürlichen Umgebung wahrzunehmen, können wir unsere Konzentration, Aufmerksamkeit, kognitive Flexibilität und kreative Denkweise verbessern. Die Natur stellt somit eine kraftvolle Ressource dar, um unsere kognitiven Fähigkeiten zu fördern und unsere geistige Schärfe zu erhalten.

Die Verbindung zwischen der Natur und der Förderung der Kreativität ist ein faszinierender Bereich, der die psychischen Auswirkungen von Natur auf den Körper weiter verdeutlicht. Die Natur bietet eine reichhaltige Quelle der Inspiration und eine stimulierende Umgebung, die das kreative Denken anregen kann.

Ein entscheidender Faktor ist die sogenannte Attention-Restoration-Theory (Theorie der Aufmerksamkeitswiederherstellung), die bereits erwähnt wurde. Durch den Aufenthalt in natürlichen Umgebungen können wir unsere Aufmerksamkeit erholen und unsere kognitiven Ressourcen für kreative Prozesse freisetzen. Diese Art der Erholung von mentaler Erschöpfung ermöglicht es unserem Gehirn, neue Ideen zu generieren und innovative Lösungsansätze zu entwickeln.

Ein weiterer wichtiger Aspekt ist die Rolle der Natur als Quelle der Inspiration. Die natürlichen Elemente wie Farben, Formen, Muster und Texturen bieten eine Fülle von Eindrücken, die unsere kreativen Säfte fließen lassen können. Die Schönheit der natürlichen Umgebung regt unsere Sinne an und öffnet uns für neue Perspektiven und Ideen. Dieser kreative Prozess kann als transzendente Erfahrung beschrieben werden, bei der wir uns mit etwas Größerem verbinden und unsere eigenen Grenzen überschreiten.

Darüber hinaus ermöglicht uns die Natur, uns von den Einschränkungen unserer täglichen Routine zu lösen und unsere Vorstellungskraft zu entfalten. Indem wir uns in natürlichen Umgebungen aufhalten, werden wir aus unserer gewohnten Denkmuster herausgelöst und ermutigt, neue Verbindungen herzustellen und unkonventionelle Ideen zu erforschen. Dieser Prozess wird als kognitive Distanzierung bezeichnet und ist essentiell für den kreativen Denkprozess.

Die Natur bietet auch die Möglichkeit, die Kreativität durch freies Spiel und Experimentieren zu fördern. Kinder, die in natürlichen Umgebungen spielen, entwickeln ihre Vorstellungskraft und Kreativität auf natürliche Weise. Gleichzeitig haben auch Erwachsene die Möglichkeit, sich in der Natur spielerisch auszudrücken und ihre kreativen Fähigkeiten zu entfalten. Das freie Spiel in der Natur ermöglicht es uns, Grenzen zu überschreiten, neue Möglichkeiten zu erkunden und unsere kreative Ausdrucksweise zu erweitern.

Neben diesen direkten Effekten fördert die Natur auch die emotionale Regulation, was wiederum die Kreativität begünstigt. Indem wir uns in einer natürlichen Umgebung aufhalten, können wir Stress und negative Emotionen abbauen, was es uns ermöglicht, uns auf kreative Prozesse zu konzentrieren. Der Zustand der positiven Stimmung und des emotionalen Wohlbefindens, den wir in der Natur erleben, unterstützt den Fluss von Ideen und die Entfaltung unserer kreativen Potenziale. Die Verbindung zwischen der Natur und der körperlichen Erholung, insbesondere der Erholung von mentaler Erschöpfung und Burnout, stellt einen essenziellen Aspekt der psychischen Auswirkungen der Natur auf den Körper dar. Die Natur bietet eine einzigartige Umgebung, die uns ermöglicht, uns von den Belastungen des modernen Lebens zu befreien und unsere Energiereserven wieder aufzufüllen.

Ein wesentlicher Faktor ist die sogenannte Stress-Reduction-Theory (Stressreduktionstheorie), die besagt, dass die Natur eine natürliche Umgebung der Erholung und Regeneration darstellt. Durch den Aufenthalt in der Natur werden die Auswirkungen von chronischem Stress und mentaler Erschöpfung verringert. Die natürlichen Elemente wie Grünflächen, fließendes Wasser und frische Luft haben eine beruhigende Wirkung auf unseren Körper und Geist. Diese Umgebung unterstützt die Regeneration des Nervensystems, reduziert Stresshormone wie Cortisol und fördert die Ausschüttung von Endorphinen, die unser Wohlbefinden steigern.

Darüber hinaus bietet die Natur eine Umgebung, die es uns ermöglicht, dem hektischen Alltag zu entfliehen und uns zu erholen. Die natürliche Stille, die Abwesenheit von störenden Geräuschen und visuellen Reizen in der Natur schafft Raum für Ruhe und Entspannung. Dieser Zustand der Entschleunigung unterstützt die Wiederherstellung der kognitiven Ressourcen, die durch chronischen Stress und übermäßige Anforderungen erschöpft sind.

Ein weiterer wichtiger Aspekt ist die Rolle der Natur bei der Förderung von Achtsamkeit und dem Erleben des gegenwärtigen Augenblicks. Der Kontakt mit der Natur ermöglicht es uns, in einen Zustand der bewussten Wahrnehmung einzutauchen und uns auf das Hier und Jetzt zu konzentrieren. Dieser bewusste Fokus hilft uns, uns von negativen Gedankenmustern zu lösen und einen Zustand der inneren Ruhe und Gelassenheit zu erreichen. Durch die Praxis der Achtsamkeit in der Natur können wir unser Stressniveau senken und unsere Fähigkeit zur Erholung stärken.

Körperliche Aktivität

Des Weiteren bietet die Natur auch Möglichkeiten für körperliche Aktivität und Bewegung, die wiederum zur körperlichen Erholung beitragen. Aktivitäten wie Spaziergänge im Wald, Wandern oder Gartenarbeit in natürlicher Umgebung können unsere körperliche Fitness verbessern, Stress abbauen und unsere Stimmung positiv beeinflussen. Körperliche Aktivität in der Natur ermöglicht es uns, unsere Muskelspannung zu lösen, unsere Atmung zu vertiefen und unser körperliches Wohlbefinden zu steigern. Zusammenfassend lässt sich sagen, dass die Natur eine wertvolle Quelle der körperlichen Erholung darstellt, insbesondere für die Bewältigung von mentaler Erschöpfung und Burnout. Durch ihre beruhigenden und regenerierenden Eigenschaften ermöglicht sie uns, unseren Stress zu reduzieren, unsere kognitiven Ressourcen wieder aufzufüllen und unsere körperliche und mentale Balance wiederherzustellen. Die natürliche Umgebung der Natur bietet uns eine Flucht aus den Belastungen des modernen Lebens und ermöglicht es uns, einen Zustand der Entspannung und Erholung zu erreichen.

Die Natur bietet auch eine Vielzahl von Elementen, die uns dabei helfen, unsere Sinne zu revitalisieren und unsere körperliche Erholung zu unterstützen. Das Betrachten der weiten Landschaften, das Lauschen des sanften Rauschens eines Flusses oder das Fühlen der weichen Gräser unter unseren Füßen vermittelt uns ein Gefühl von Verbundenheit und Harmonie. Diese sensorischen Erfahrungen wirken beruhigend auf unser Nervensystem und tragen zur Entspannung bei.

Ein weiterer wichtiger Aspekt ist die positive Auswirkung der Natur auf unseren Schlaf. Studien haben gezeigt, dass der Aufenthalt in der Natur und der Kontakt mit natürlichen Elementen wie frischer Luft und Sonnenlicht unseren Schlaf verbessern können. Eine gute Schlafqualität ist entscheidend für unsere körperliche und geistige Erholung, da sie es unserem Körper ermöglicht, sich zu regenerieren und neue Energie zu tanken.

Darüber hinaus fördert die Natur die Produktion von Vitamin D in unserem Körper, insbesondere durch das Sonnenlicht. Vitamin D spielt eine wichtige Rolle bei der Regulierung unserer Stimmung und des Energiehaushalts. Ein Mangel an Vitamin D kann zu Müdigkeit, Stimmungsschwankungen und einem geschwächten Immunsystem führen. Indem wir Zeit in der Natur verbringen und Sonnenlicht absorbieren, unterstützen wir die Produktion von Vitamin D und stärken somit unsere körperliche Erholung.

Nicht zuletzt bietet die Natur einen Raum für Entspannungspraktiken wie Yoga oder Meditation. Diese Techniken fördern die Entspannung von Körper und Geist, verbessern unsere Atmung und helfen uns dabei, Stress abzubauen. Durch die Kombination von Natur und Entspannungstechniken können wir eine tiefere Ebene der Erholung erreichen und unsere körperliche sowie mentale Gesundheit nachhaltig fördern.

Insgesamt ist die Natur ein unschätzbarer Ort der Erholung und Regeneration für unseren Körper und Geist. Durch den Aufenthalt in der Natur können wir die negativen Auswirkungen von mentaler Erschöpfung und Burnout reduzieren, unsere Sinne revitalisieren, unseren Schlaf verbessern, die Produktion von Vitamin D fördern und Entspannungspraktiken integrieren. Indem wir uns mit der

Natur verbinden, schaffen wir eine harmonische Balance zwischen unserer inneren Welt und der äußeren Umgebung, was zu einer ganzheitlichen Erholung führt.

Die Verbindung zwischen Natur und körperlicher Erholung spielt auch eine bedeutende Rolle bei der Förderung der Regeneration nach Krankheit oder Verletzung. Die natürliche Umgebung bietet eine therapeutische Kulisse, die den Heilungsprozess unterstützt und die Genesung beschleunigen kann.

Ein grundlegender Aspekt ist die Rolle der Natur bei der Reduzierung von Stress und Angst, die oft mit Krankheit oder Verletzungen einhergehen. Die Exposition gegenüber natürlichen Elementen wie Grünflächen, Bäumen und Wasser hat nachweislich beruhigende Auswirkungen auf unser Nervensystem. Dies trägt dazu bei, den Stresslevel zu senken, den Blutdruck zu regulieren und eine entspannte und positive Stimmung zu fördern. Durch die Verringerung von Stress und Angst werden die körpereigenen Selbstheilungsmechanismen aktiviert und die Genesung unterstützt.

Des Weiteren bietet die Natur auch physische Vorteile, die zur Regeneration beitragen. Beispielsweise liefert Sonnenlicht eine natürliche Quelle von Vitamin D, das für die Knochengesundheit und das Immunsystem von entscheidender Bedeutung ist. Ein angemessener Vitamin-D-Spiegel kann den Heilungsprozess bei Knochenbrüchen oder anderen Verletzungen beschleunigen. Darüber hinaus fördert frische Luft die Sauerstoffversorgung des Körpers und verbessert die Durchblutung, was eine effiziente Heilung unterstützt.

Die natürliche Umgebung bietet auch die Möglichkeit zur Bewegungstherapie und Rehabilitation. Aktivitäten wie Spazierengehen, leichte Wanderungen oder Yoga in der

Natur ermöglichen eine sanfte Bewegung, die die Mobilität verbessert, die Muskeln stärkt und die Gelenke mobilisiert. Diese natürliche Bewegungstherapie unterstützt die Rehabilitation nach Verletzungen oder Operationen und fördert eine schnellere Rückkehr zur vollen körperlichen Funktionsfähigkeit.

Ein weiterer wichtiger Faktor ist die Rolle der Natur bei der Förderung von positiven sozialen Interaktionen und emotionaler Unterstützung. Der Kontakt mit der Natur bietet oft die Möglichkeit, Zeit mit Familie und Freunden zu verbringen oder sich einer Gemeinschaft anzuschließen, die ähnliche Erfahrungen durchmacht. Soziale Unterstützung spielt eine wesentliche Rolle bei der Genesung und kann dazu beitragen, das psychische Wohlbefinden zu stärken und den Heilungsprozess zu fördern.

Zusammenfassend kann gesagt werden, dass die Natur einen wertvollen Beitrag zur körperlichen Erholung und Regeneration nach Krankheit oder Verletzung leistet. Durch die Reduzierung von Stress und Angst, die Bereitstellung von natürlichen Heilungsressourcen wie Sonnenlicht und frischer Luft, die Förderung von Bewegungstherapie und Rehabilitation sowie die Unterstützung sozialer Interaktionen und emotionaler Unterstützung bietet die Natur eine ganzheitliche Umgebung für die Genesung. Indem wir uns mit der natürlichen Welt verbinden, können wir die Regenerationsprozesse unseres Körpers aktivieren und eine schnellere und nachhaltigere Genesung erreichen.

Ein weiterer entscheidender Faktor ist die Rolle der Natur bei der Förderung des immunologischen Systems. Zahlreiche Studien haben gezeigt, dass der Kontakt mit der Natur die Funktion des Immunsystems stimulieren und stärken kann. Die Phytonzide, die von Bäumen und Pflanzen abgegeben werden, haben antimikrobielle und immunmodulatorische Eigenschaften, die dazu beitragen können, Infektionen zu bekämpfen und den Heilungsprozess zu unterstützen. Darüber hinaus kann der Aufenthalt in der Natur die Produktion von natürlichen Killerzellen und anderen immunologischen Effektoren erhöhen, was zu einer verbesserten Immunantwort führt.

Die Natur bietet auch eine Flucht aus der klinischen Umgebung des Krankenhauses, was für viele Patienten eine willkommene Abwechslung darstellt. Der Aufenthalt in einer natürlichen Umgebung kann das Gefühl von Normalität und Kontrolle wiederherstellen, was für den Genesungsprozess von großer Bedeutung ist. Die ästhetische Schönheit und Harmonie der Natur schaffen eine Atmosphäre der Hoffnung und des Optimismus, die die Motivation und den Glauben an die eigene Genesung stärken kann.

Neben den physischen und immunologischen Vorteilen hat die Natur auch positive Auswirkungen auf die psychische Gesundheit während der Erholungsphase. Der Anblick von Naturlandschaften, das Rauschen von Blättern im Wind oder das Zwitschern der Vögel können Stress reduzieren, die Stimmung verbessern und positive Emotionen hervorrufen. Dies trägt dazu bei, Depressionen, Angstzuständen und anderen psychischen Belastungen entgegenzuwirken, die häufig mit Krankheit oder Verletzung einhergehen.

Zusammenfassend lässt sich sagen, dass die Natur eine wertvolle Ressource zur Förderung der Regeneration nach Krankheit oder Verletzung darstellt. Durch die Reduzierung von Stress, die Stärkung des Immunsystems, die Schaffung einer positiven Umgebung und die Förderung des psychischen Wohlbefindens können die heilenden Kräfte der Natur dazu beitragen, den Heilungsprozess zu beschleunigen und eine umfassende körperliche Erholung zu unterstützen. Der Kontakt mit der natürlichen Umgebung bietet eine Vielzahl von Vorteilen, darunter die Stärkung des Immunsystems, die Verbesserung der Stimmung und die Förderung positiver Emotionen sowie die Schaffung einer Umgebung, die Motivation und Hoffnung fördert.

Darüber hinaus bietet die Natur Möglichkeiten für körperliche Aktivität und Bewegung, die für die Rehabilitation und den Wiederaufbau der körperlichen Stärke von großer Bedeutung sind. Spaziergänge oder sanfte Übungen in der Natur können dazu beitragen, die Muskeln zu stärken, die Beweglichkeit zu verbessern und die Ausdauer wiederherzustellen. Die natürliche Umgebung bietet auch eine Vielfalt an Gelände, die verschiedene motorische Fähigkeiten und Koordination herausfordern können, was für die Rehabilitation nach Verletzungen von großem Nutzen ist.

Darüber hinaus bietet die Natur einen Raum für mentale Entspannung und Stressabbau. Die visuelle Schönheit der Natur, das harmonische Zusammenspiel von Farben und Formen, kann eine beruhigende Wirkung auf den Geist haben und dazu beitragen, negative Gedankenmuster zu durchbrechen. Die Ruhe und Stille der Natur ermöglicht es den Menschen, zur inneren Ruhe und Ausgeglichenheit zurückzufinden und sich von den Belastungen der Krankheit oder Verletzung zu erholen.

Ein weiterer wichtiger Aspekt ist die Verbindung zur natürlichen Umgebung und zum natürlichen Rhythmus der Natur. Dies ermöglicht es den Menschen, sich mit etwas Größerem zu verbinden und eine tiefere Perspektive auf ihr eigenes Leben und ihre Genesung zu gewinnen. Das Eintauchen in die Schönheit und Komplexität der Natur kann ein Gefühl von Ehrfurcht und Dankbarkeit hervorrufen, was wiederum positive Emotionen und eine positive Einstellung zur Genesung fördert.

Insgesamt kann gesagt werden, dass die Natur eine wertvolle Quelle der körperlichen Erholung nach Krankheit oder Verletzung ist. Durch ihre beruhigenden und heilenden Eigenschaften, die Förderung von Bewegung und Aktivität, die Möglichkeit der mentalen Entspannung und den Bezug zur natürlichen Welt bietet sie eine ganzheitliche Unterstützung für die Regeneration des Körpers. Die Natur eröffnet Möglichkeiten für Wachstum, Heilung und Transformation und spielt eine bedeutende Rolle bei der Förderung der körperlichen Erholung und des Wohlbefindens.

Die Verbindung zwischen Natur und körperlicher Erholung spielt auch eine wesentliche Rolle bei der Genesung von chirurgischen Eingriffen. Die natürliche Umgebung kann den Heilungsprozess unterstützen und eine schnellere Erholung fördern, indem sie eine Reihe von physiologischen und psychologischen Effekten auf den Körper ausübt.

Ein grundlegender Aspekt ist die Rolle der Natur bei der Stressreduktion und der Förderung eines positiven emotionalen Zustands. Chirurgische Eingriffe können mit erheblichem Stress und Ängsten verbunden sein, sowohl vor als auch nach dem Eingriff. Die Exposition gegenüber natürlichen Elementen wie Bäumen, Blumen und frischer Luft kann beruhigend wirken und den Stresslevel reduzieren. Dies wiederum hat positive Auswirkungen auf den Hormonhaushalt, insbesondere auf das Stresshormon Kortisol. Ein niedrigerer Kortisolspiegel trägt zu einer verbesserten Wundheilung und einer effizienteren Regeneration bei.

Darüber hinaus bietet die Natur auch Möglichkeiten zur körperlichen Aktivität und Bewegung, die für die Genesung nach chirurgischen Eingriffen von großer Bedeutung sind. Spaziergänge in der Natur, sanfte Übungen oder physiotherapeutische Maßnahmen im Freien ermöglichen es den Patienten, ihre Muskeln zu stärken, die Durchblutung zu verbessern und die Flexibilität wiederherzustellen. Dies fördert eine schnellere Rehabilitation und trägt dazu bei, mögliche Komplikationen nach der Operation zu reduzieren.

Ein weiterer wichtiger Aspekt ist die Rolle der Natur bei der Förderung des Schlafs und der Erholung. Nach chirurgischen Eingriffen ist eine angemessene Erholung von großer Bedeutung für die Genesung. Die natürliche Umgebung bietet eine ruhige und beruhigende Atmosphäre, die den Schlaf fördert und eine qualitativ hochwertige Erholung ermöglicht. Eine ausreichende Schlafqualität ist eng mit einer verbesserten Wundheilung und einem schnelleren Genesungsprozess verbunden.

Neben den physiologischen Vorteilen bietet die Natur auch psychologische Unterstützung während der Genesungsphase. Der Anblick der natürlichen Schönheit und Harmonie kann positive Emotionen hervorrufen, Stress abbauen und die Stimmung verbessern. Dies ist besonders wichtig, da chirurgische Eingriffe oft mit emotionalen Belastungen wie Angst, Unsicherheit und Depression einhergehen können. Die Natur bietet einen Zufluchtsort, der Trost und Hoffnung spendet und eine positive Einstellung zur Genesung fördert. Zusammenfassend lässt sich sagen, dass die Natur einen wertvollen Einfluss auf die Genesung von chirurgischen Eingriffen hat. Durch die Reduzierung von Stress, die Förderung von Bewegung und Aktivität, die Unterstützung eines erholsamen Schlafs und die Bereitstellung einer positiven Umgebung trägt die natürliche Umgebung dazu bei, den Heilungsprozess zu beschleunigen und eine umfassende körperliche Erholung zu fördern. Die natürliche Umgebung kann dabei helfen, postoperative Komplikationen zu reduzieren, die Immunfunktion zu stärken und die Wundheilung zu verbessern. Die visuelle Pracht der Natur, das Vorhandensein von Grünflächen und die Frische der Luft schaffen eine Atmosphäre der Ruhe und Gelassenheit, die sich positiv auf den Heilungsprozess auswirkt.

Darüber hinaus fördert die natürliche Umgebung auch soziale Interaktion und emotionale Unterstützung, die für die Genesung von chirurgischen Eingriffen von entscheidender Bedeutung sind. Wenn Patienten Zeit in der Natur verbringen, können sie sich mit anderen Menschen verbinden, die ähnliche Erfahrungen gemacht haben, und sich gegenseitig ermutigen und unterstützen. Soziale Unterstützung kann dazu beitragen, Stress abzubauen, das Wohlbefinden zu steigern und den Genesungsprozess zu beschleunigen.

Darüber hinaus hat die Natur auch einen positiven Einfluss auf das psychische Wohlbefinden während der Genesung von chirurgischen Eingriffen. Die Verbindung mit der Natur kann ein Gefühl von Verbundenheit und Harmonie vermitteln, das die Gefühle von Isolation und Angst reduziert. Der Anblick der natürlichen Schönheit, das Hören von Vogelgesang und das Spüren der sanften Brise können Trost spenden, den Geist beruhigen und positive Emotionen hervorrufen, die den Heilungsprozess unterstützen.

Es ist wichtig anzumerken, dass die Natur allein keine medizinische Behandlung ersetzen kann. Sie dient vielmehr als ergänzende Unterstützung für den Genesungsprozess. Es ist ratsam, die Empfehlungen der medizinischen

Fachkräfte zu befolgen und sich an die vorgeschriebenen medizinischen Verfahren zu halten.

Insgesamt kann gesagt werden, dass die Natur eine wertvolle Rolle bei der körperlichen Erholung nach chirurgischen Eingriffen spielt. Durch die Schaffung einer stressfreien Umgebung, die Förderung von Bewegung, sozialer Unterstützung und positiven emotionalen Zuständen trägt die natürliche Umgebung dazu bei, den Genesungsprozess zu unterstützen und die Gesundheit und das Wohlbefinden des Patienten zu fördern. Die Natur ist eine Quelle der Erholung und Heilung, die dazu beitragen kann, die Genesungszeit zu verkürzen und eine umfassende Genesung zu ermöglichen.

Entwicklung des Gehirns und ist Alkohol wirklich so harmlos?

Das menschliche Gehirn, jene bemerkenswerte Enklave neurobiologischer Komplexität, fasziniert seit jeher Wissenschaftler, die nach einem tieferen Verständnis der Anatomie und Funktionen dieses hochentwickelten Organs streben. Der Aufbau und die Organisation des Gehirns sind von essentieller Bedeutung für das Verständnis seiner komplexen kognitiven, sensorischen und motorischen Fähigkeiten.

Das Gehirn ist in verschiedene Bereiche unterteilt, die als Hirnregionen bekannt sind und spezifische Funktionen ausüben. Eine grundlegende Einheit im Gehirn ist die Neuron, eine spezialisierte Zelle, die Informationen in Form von elektrischen Impulsen überträgt. Die Neuronen bilden neuronale Netzwerke, die das Fundament für die Verarbeitung und Integration von Informationen bilden.

Der Aufbau des Gehirns umfasst zwei Hauptbereiche: das zentrale Nervensystem (ZNS) und das periphere Nervensystem (PNS). Das ZNS besteht aus Gehirn und Rückenmark, während das PNS aus den Nerven außerhalb des Gehirns und Rückenmarks besteht. Das Gehirn selbst ist in verschiedene Hauptbereiche gegliedert, darunter das Großhirn, das Kleinhirn, der Hirnstamm und das Zwischenhirn.

Das Großhirn, auch als Cerebrum bezeichnet, ist der größte Teil des Gehirns und spielt eine entscheidende Rolle bei der Wahrnehmung, Denken, Emotion und Motorik. Es besteht aus zwei Hemisphären, die durch eine tiefgreifende Furche, den sogenannten Sulcus longitudinalis cerebri, getrennt sind. Jede Hemisphäre ist in vier Hauptlappen unterteilt: Frontallappen, Parietallappen, Temporallappen und Okzipitallappen. Diese Lappen sind mit verschiedenen kognitiven und sensorischen Funktionen verbunden, wie beispielsweise der Sprachverarbeitung im Frontallappen oder der visuellen Wahrnehmung im Okzipitallappen.

Das Kleinhirn, eine räumlich begrenzte Struktur am hinteren Ende des Gehirns, ist hauptsächlich für die Koordination und Feinabstimmung von Bewegungen verantwortlich. Es ermöglicht eine präzise Steuerung der Muskulatur und spielt eine bedeutende Rolle bei der Aufrechterhaltung des Gleichgewichts und der Körperhaltung.

Der Hirnstamm, der sich zwischen Großhirn und Rückenmark erstreckt, ist von entscheidender Bedeutung für grundlegende lebenserhaltende Funktionen wie Atmung, Herzschlag und Bewusstseinszustände. Er besteht aus verschiedenen Kerngebieten, die mit unterschiedlichen Funktionen verbunden sind.

Das Zwischenhirn, auch als Diencephalon bekannt, enthält Strukturen wie den Thalamus und den Hypothalamus. Der Thalamus spielt eine Schlüsselrolle bei der Filterung und Weiterleitung sensorischer Signale an das Großhirn. Der Hypothalamus ist in die Regulation lebenswichtiger Funktionen wie Körpertemperatur, Hunger, Durst und Sexualtrieb involviert. Die Organisation des Gehirns ist äußerst komplex und zeigt eine bemerkenswerte Plastizität, die es ihm ermöglicht, sich an Veränderungen anzupassen und zu lernen. Die Schaffung und Aufrechterhaltung dieser komplexen Architektur beruht auf einer Kombination aus genetischer Prädisposition und Umweltinteraktionen.

Das Verständnis des Aufbaus und der Organisation des menschlichen Gehirns ist von entscheidender Bedeutung, um die Funktionsweise dieses erstaunlichen Organs zu enträtseln. Durch die Untersuchung der anatomischen Strukturen und ihrer Verbindungen können wir Einblicke in die Mechanismen erhalten, die unseren Geist und unser Verhalten formen. Es bleibt eine spannende Herausforderung, die Geheimnisse des Gehirns weiter zu erforschen und zu entschlüsseln.

Ein Überblick über die einzelnen Puzzle-Teile des Gehirns

In der wundersamen Welt des menschlichen Gehirns offenbart sich eine faszinierende Vielfalt an Funktionen, die von verschiedenen Hirnregionen orchestriert werden. Diese Regionen sind wie ein anspruchsvolles Geflecht miteinander verbunden und tragen zur Ausübung komplexer kognitiver, sensorischer und motorischer Fähigkeiten bei. Ein detaillierter Blick auf die Funktionen der verschiedenen Hirnregionen eröffnet eine eindrucksvolle Landschaft neurologischer Aktivität.

Ah, der Frontallappen, das Prachtstück des Gehirns! Diese majestätische Region, die wie ein würdevoller Monarch die vorderen Bereiche des Großhirns beherrscht, ist wahrlich ein Juwel der kognitiven Funktionen. Im Herzen des Frontallappens findet sich der präfrontale Kortex, ein beeindruckendes Reservoir an exekutiven Funktionen, das seinesgleichen sucht. Der präfrontale Kortex ist wie ein dirigierender Maestro, der die kognitive Symphonie des Gehirns leitet. Hier geschehen wahre Wunder des Denkens! Das Arbeitsgedächtnis, jenes virtuose Vermögen, Informationen kurzfristig zu halten und gleichzeitig mit ihnen zu jonglieren, findet hier seine Heimat. Die Entscheidungsfindung, ein hochkomplexer Prozess, bei dem wir zwischen Optionen abwägen und die Konsequenzen bedenken, wird von diesem brillanten Gebiet des Gehirns orchestriert. Doch das ist noch nicht alles! Der Frontallappen ist ein Meister der Impulskontrolle. Er sorgt dafür, dass wir nicht einfach jedem plötzlichen Drang nachgeben, sondern stattdessen vernünftige Entscheidungen treffen. Das ist gewissermaßen der innere Schiedsrichter unseres Verhaltens, der uns vor unüberlegten Handlungen bewahrt.

Aber halt, das ist noch nicht das Ende der faszinierenden Geschichte des Frontallappens! Er hat auch eine entscheidende Rolle bei der Regulation von Emotionen und der sozialen Kognition. Ja, richtig gehört, dieser edle Bereich unseres Gehirns ermöglicht uns Empathie und Perspektivenwechsel. Er hilft uns dabei, die Gefühle anderer zu erkennen und zu verstehen, und erlaubt uns, uns in ihre Lage zu versetzen. Man könnte sagen, der Frontallappen ist der charmante Gastgeber einer intellektuellen Soiree, bei der wir die Emotionen anderer Menschen einfühlsam wahrnehmen und uns in ihre Gedankenwelt einfühlen können.

Der Frontallappen ist wahrlich ein Juwel der kognitiven Aristokratie, ein Meisterwerk der neuronalen Architektur. Er vereint in sich die erhabene Fähigkeit zur Planung und Organisation, die Kontrolle unserer Impulse und die feinfühlige Regulierung von Emotionen. Und das alles, während er mit einem eleganten Augenzwinkern die soziale Komplexität unseres Daseins meistert.

Der Parietallappen, ein musikalischer Meister der sensorischen Integration und Raumwahrnehmung! Wie ein virtuoser Komponist entfaltet er eine subtile Melodie der Sinnesempfindungen und lässt uns die Welt um uns herum körperlich erfassen. Hier werden die taktil-somatosensorischen Signale zu einer sinfonischen Symphonie verarbeitet.

Der Parietallappen schmückt die obere Rückseite des Gehirns wie ein kunstvolles Gemälde, das die Sinne verzaubert. Er ist verantwortlich für die Verarbeitung und Integration taktiler Informationen, die es uns ermöglichen,

Berührungen, Druck und Temperatur wahrzunehmen. Hier entsteht das faszinierende Zusammenspiel von Empfindungen, wenn wir mit unserer Umwelt in Berührung kommen.

Doch der Parietallappen ist mehr als nur ein Meister der Sinne! Er unterstützt auch unsere räumliche Orientierung und erlaubt uns, uns in der Welt zu orientieren. Mit seiner Hilfe können wir uns in einem Raum zurechtfinden, Hindernisse umgehen und uns sicher durch unsere Umgebung bewegen. Es ist, als ob er uns einen unsichtbaren Kompass gibt, der uns den Weg weist. Und da hört der Spaß noch nicht auf! Der Parietallappen spielt auch eine entscheidende Rolle bei der Lenkung unserer Aufmerksamkeit. Er hilft uns, uns auf relevante Informationen zu konzentrieren und unwichtige Reize auszublenden. So können wir uns auf eine Aufgabe fokussieren, ohne von ablenkenden Einflüssen gestört zu werden.

Aber das ist noch nicht alles, meine verehrten Zuhörer! Der Parietallappen ist auch ein geschickter Koordinator der Hand-Augen-Koordination. Mit seiner brillanten Regie führt er unsere Hände und Augen in einer perfekten Symbiose zusammen. Denken Sie nur an die Präzision, die erforderlich ist, um einen Ball zu fangen oder einen Pinselstrich auf einem Gemälde zu setzen. Der Parietallappen ist der unsichtbare Choreograf, der diese beeindruckenden motorischen Fähigkeiten orchestriert. Insgesamt ist der Parietallappen ein wahrer Künstler der Wahrnehmung und Koordination. Er vereint die Sinne zu einer harmonischen Melodie, ermöglicht uns die Erkundung unserer Umwelt und sorgt für eine präzise Zusammenarbeit von Hand und Auge. Er ist der Taktgeber, der uns dabei unterstützt, unsere Welt zu begreifen und unsere Bewegungen geschmeidig zu koordinieren.

Also erheben wir unser imaginäres Glas auf den Parietallappen.

Weiter geht es mit dem Temporallappen, ein mysteriöses Kapitel im Buch des Gehirns! Dieser faszinierende Teil entfaltet seine kognitive Pracht, indem er sich der Verarbeitung auditiver Informationen und der Wahrnehmung von Klängen widmet. Hier befindet sich der auditorische Kortex, der an der Erkennung und Interpretation von Sprache und Tönen beteiligt ist. Ein wahrer Musikliebhaber unter den Hirnregionen!

Doch halt, meine wissbegierigen Freunde, der Temporallappen hütet noch weitere Schätze! Tief in seinem Inneren verbirgt er das limbische System, eine anspruchsvolle Einrichtung von unschätzbarem Wert. Dieses System ist verantwortlich für unsere Emotionen, Gedächtnisbildung und Geruchswahrnehmung. Man könnte sagen, der Temporallappen ist der Gefühlsmagier, der die Gefühlsregungen orchestriert und Erinnerungen zu kunstvollen Gemälden formt.

Im Herzen des Temporallappens liegt der Hippocampus, der eine entscheidende Rolle bei der Bildung des Langzeitgedächtnisses spielt. Er ist wie der Archivar unseres Gehirns, der Erinnerungen ordnet und speichert, damit wir sie jederzeit abrufen können. Ohne den Hippocampus wären wir auf ewig in einem kognitiven Labyrinth gefangen, ohne Erinnerungen, die unsere Persönlichkeit und Identität formen. Doch das ist noch nicht alles, meine neugierigen Denker! Der Temporallappen beheimatet auch die Amygdala, eine kleine, aber mächtige Struktur, die unsere Emotionen steuert. Sie ist wie der Feuerwerkskünstler unseres Gehirns, der die emotionalen Raketen zündet und unsere Stimmungen und Reaktionen beeinflusst. Die Amygdala ist eng mit dem limbischen System verbunden und spielt eine wichtige Rolle bei der Bewertung von Gefahren und der Auslösung von Angst- und Stressreaktionen. Und da ist noch der olfaktorische Kortex, der im Temporallappen seine Bühne hat. Dieser geruchssensitive Bereich verleiht uns die Fähigkeit, die wunderbare Welt der Düfte zu erkunden. Er ermöglicht uns, den Duft von frisch gebrühtem Kaffee zu genießen oder den verlockenden Geruch von frisch gebackenem Brot zu erfassen. Der olfaktorische Kortex ist wie der Gourmetkoch unter den Hirnregionen, der uns erlaubt, die aromatische Symphonie des Lebens zu schmecken.

Der Temporallappen ist ein wahres Mysterium des Gehirns, das uns mit kognitiver Brillanz und emotionalem Reichtum erfüllt. Von der Verarbeitung von Klängen und Sprache bis hin zur Bildung von Erinnerungen und der Steuerung unserer Gefühle – er ist die Schatzkammer der Neurobiologie.

Der Okzipitallappen, der König des visuellen Spektakels, der im hinteren Teil des Gehirns majestätisch thront! Hier entfaltet sich eine wahrhaft beeindruckende Choreographie der visuellen Wahrnehmung, die uns ermöglicht, die Welt um uns herum in all ihrer farbenfrohen Pracht zu erfassen. Der primäre visuelle Kortex, der hier residiert, ist der Dirigent, der die Signale, die von unseren Augen gesendet werden, zu einem spektakulären visuellen Erlebnis komponiert.

Der Okzipitallappen ist wie ein Meistermaler, der mit Farbpaletten und Pinseln arbeitet. Er erlaubt uns die Erkennung von Farben in all ihren Nuancen und schenkt uns die Fähigkeit, die Welt in einem bunten Farbenrausch zu erleben. Dank dieses künstlerischen Wundertäters können wir das satte Grün der Wiesen, das strahlende Blau des Himmels und das warme Rot einer Rose bewundern.

Doch das ist noch nicht alles, meine aufmerksamen Beobachter! Der Okzipitallappen spielt auch eine entscheidende Rolle bei der Gesichtserkennung, dieser einzigartigen Kunst der zwischenmenschlichen Interaktion. Hier werden die feinen Merkmale eines Gesichts erfasst und in unserem Gehirn verarbeitet. Der Okzipitallappen ist der visuelle Detektiv, der uns ermöglicht, unsere Lieben zu erkennen, Freunde zu begrüßen und uns in den Menschen um uns herum einzufühlen.

Und da hört der Spaß noch nicht auf! Der Okzipitallappen unterstützt auch unsere räumliche Wahrnehmung, die uns erlaubt, die Welt in all ihren dreidimensionalen Facetten zu erfassen. Dank seiner genialen Bemühungen können wir die Tiefe, Entfernung und räumliche Beziehung von Objekten um uns herum verstehen. Ob wir nun einen Ball fangen oder durch eine zauberhafte Landschaft wandern, der Okzipitallappen gibt uns das räumliche Bewusstsein, das wir brauchen, um in dieser dreidimensionalen Welt zu navigieren.

Der Okzipitallappen ist ein wahrer Maestro der visuellen Wahrnehmung, der uns die Fähigkeit gibt, die Welt in ihrer visuellen Pracht zu erleben. Von Farben und Formen bis hin zur Gesichtserkennung und räumlichen Wahrnehmung – er ist der Zauberkünstler des visuellen Spektakels. Also lasst uns den Okzipitallappen feiern, diesen Regisseur des Sehens und Virtuosen der visuellen Symphonie! Ein Hoch auf den Okzipitallappen, der die Bühne für unsere visuellen Abenteuer bereitet und das Auge zum Fenster der Seele macht!

Ah, das Kleinhirn, dieses zierliche Juwel am Hinterkopf des Gehirns, das mit seiner Anmut und Eleganz unsere motorischen Bewegungen verfeinert! Es ist wahrlich ein Meisterwerk der Präzision und Koordination, das die

Muskeln unseres Körpers mit meisterhafter Genauigkeit dirigiert.

Das Kleinhirn ist wie der Schöpfer einer tänzerischen Choreographie, bei der jeder Schritt perfektioniert wird. Es übernimmt die wichtige Aufgabe, unsere Muskelaktivität zu koordinieren und sicherzustellen, dass unsere Bewegungen reibungslos und geschmeidig ablaufen. Es ist der Dirigent, der die feinen Details der Bewegung kontrolliert und sicherstellt, dass alles in Harmonie miteinander agiert.

Doch das Kleinhirn tut noch mehr als nur das Feintuning unserer Bewegungen! Es ist auch der Hüter des Gleichgewichtssinns, das uns ermöglicht, uns anmutig und mühelos durch Raum und Zeit zu bewegen. Mit seiner fabelhaften Expertise überwacht es die Feinabstimmung unserer Muskeln, um sicherzustellen, dass wir unsere Balance halten können. Ohne das Kleinhirn würden wir wohl wie torkelnde Seemänner auf einer wackeligen Planke durch das Leben taumeln.

Man könnte sagen, das Kleinhirn ist der Stabilisator, der unsere körperliche Performance auf ein neues Level hebt. Es ist wie ein akrobatischer Künstler, der uns dabei hilft, auf einem schmalen Drahtseil der Bewegung zu balancieren. Dank des Kleinhirns können wir die Welt mit Eleganz und Anmut erkunden und uns mit Leichtigkeit durch die Herausforderungen des Alltags bewegen.

Also erheben wir unser imaginäres Glas auf das Kleinhirn, dieses meisterhafte Juwel der Bewegung! Es ist der unsichtbare Choreograph, der unsere motorischen Abläufe verfeinert und uns dazu verhilft, unsere Muskeln mit unvergleichlicher Präzision zu koordinieren. Ein Hoch auf das Kleinhirn, das uns dabei unterstützt, mit anmutigen Schritten durch Raum und Zeit zu tanzen!

Ah, der Hirnstamm, das unerschütterliche Fundament unseres Daseins, das die lebenswichtigen Funktionen orchestriert und unser Überleben sichert! Diese lebenserhaltende Region des Gehirns ist wahrlich eine Meisterleistung der Regulierung und Synchronisation.

Der Hirnstamm ist wie ein geschickter Manager, der die grundlegenden Abläufe unseres Körpers koordiniert und überwacht. Hier finden sich die lebenserhaltenden Zentren, die unsere Atmung und Kreislaufregulation lenken. Dank ihrer taktvollen Führung können wir frische Luft einatmen und das lebensspendende Blut durch unsere Adern fließen lassen. Ohne den Hirnstamm wären wir wohl nichts weiter als Sauerstoffjunkies auf der Suche nach unserem nächsten Atemzug.

Aber halt, meine lieben Freunde, das ist noch nicht alles! Der Hirnstamm spielt auch eine entscheidende Rolle bei der Kontrolle unserer Bewusstseinszustände. Er ist der Dirigent, der unsere Wachheit und Schlafphasen harmonisch synchronisiert. Dank seiner geschickten Regie können wir zwischen verschiedenen Bewusstseinszuständen wie Wachsein, Schlafen und Träumen nahtlos wechseln. Man könnte sagen, der Hirnstamm ist der Meister der Schaltkreise, der unsere geistige Aktivität dirigiert und unsere Aufmerksamkeit lenkt.

Das Fundament des Hirnstamms ist wie ein unsichtbarer Architekt, der unsere Existenz aufrechterhält und die Harmonie unseres Nervensystems gewährleistet. Er ist wie ein stiller Held, der im Hintergrund arbeitet und dafür sorgt, dass alle Teile des Gehirns und des Körpers zusammenarbeiten. Ohne den Hirnstamm wären wir wohl nichts weiter als ein unkoordinierter Haufen von Nerven und Muskeln, der im Chaos versinkt.

Also lasst uns den Hut ziehen vor dem Hirnstamm, diesem unerschütterlichen Helden der lebenserhaltenden Funktionen! Er ist der Regisseur unserer Existenz, der unsere Atmung und unseren Herzschlag in perfekter Symphonie lenkt. Ein Hoch auf den Hirnstamm, der uns die Möglichkeit gibt, das Leben in vollen Zügen zu genießen und unser Nervensystem in harmonischer Synchronisation zu halten!

Dieses mosaikartige Bild der Funktionen verschiedener Hirnregionen zeigt die außergewöhnliche Komplexität und Pracht des menschlichen Gehirns. Jede Region ist wie ein Solist in einem Orchester, der seine einzigartige Melodie spielt und gleichzeitig mit anderen harmoniert, um die wundersame Symphonie unseres Geistes zu erschaffen. Ein tiefgehendes Verständnis der Funktionen der Hirnregionen ist der Schlüssel, um das reiche Zusammenspiel von Geist und Körper zu ergründen und die Geheimnisse unserer menschlichen Existenz zu enthüllen.

Die Entwicklung vom menschlichen Gehirn

Die Entwicklung des menschlichen Gehirns im Laufe des Lebens ist eine faszinierende Reise, bei der sich die komplexe Anatomie dieses Organs entfaltet und die Grundlage für unsere kognitiven und emotionalen Fähigkeiten legt. Vom frühen Stadium der embryonalen Entwicklung bis ins hohe Alter durchläuft das Gehirn kontinuierlich Veränderungen und Anpassungen, die seine Funktionen und Kapazitäten formen.

Die Grundlagen für die Entwicklung des Gehirns werden bereits in den ersten Wochen der embryonalen Entwicklung gelegt. Während dieser Zeit entsteht die sogenannte Neuralplatte, aus der sich das zentrale Nervensystem entwickelt. Diese Platte faltet sich allmählich zu einem Neuralrohr, das schließlich das Rückenmark und das Gehirn bildet.

Die Entwicklung des Gehirns setzt sich fort, während der Fötus im Mutterleib heranwächst. Zunächst entwickeln sich die primären Gehirnbläschen, die sich in den Vorder-, Mittel- und Hinterhirnregionen befinden. Diese Gehirnbläschen bilden die Grundlage für die weitere Entwicklung des Gehirns und geben den Anstoß für die Entstehung spezifischer Hirnregionen.

Im weiteren Verlauf der Gehirnentwicklung werden diese primären Gehirnbläschen zu komplexen Strukturen, die die Grundlage für die verschiedenen Hirnregionen bilden. Der Vorderhirnabschnitt entwickelt sich zu Regionen wie dem Frontallappen, der für kognitive Funktionen und die Regulation von Emotionen verantwortlich ist. Der Mittelhirnbereich gibt unter anderem den Anstoß zur Entwicklung des

Thalamus, der eine Schlüsselrolle bei der Wahrnehmungsverarbeitung spielt. Der Hinterhirnbereich entwickelt sich zum Kleinhirn, das für die Koordination von Bewegungen und die Aufrechterhaltung des Gleichgewichts zuständig ist.

Die Gehirnentwicklung setzt sich nach der Geburt fort und erreicht in der frühen Kindheit einen Höhepunkt. In dieser Zeit nimmt das Gehirnvolumen rapide zu, da sich die Verbindungen zwischen den Neuronen verstärken und das Gehirn neue Erfahrungen und Lernprozesse aufnimmt. Es entstehen Synapsen, die für die Kommunikation zwischen den Neuronen verantwortlich sind, und das Gehirn beginnt, sich auf die Umwelt und soziale Interaktionen einzustellen.

Während der Adoleszenz und des Erwachsenenalters stabilisiert sich die Struktur des Gehirns weitgehend, obwohl weiterhin Veränderungen auf zellulärer Ebene stattfinden. Das Gehirn erreicht seine maximale Größe und Reifung, und die Verbindungen zwischen den verschiedenen Hirnregionen werden immer spezialisierter und effizienter. Dies ermöglicht komplexe kognitive Funktionen wie Planung, Problemlösung und abstraktes Denken.

Im späteren Erwachsenenalter beginnt das Gehirn allmählich an Volumen zu verlieren, und es treten altersbedingte Veränderungen auf. Einige Hirnregionen, insbesondere diejenigen, die für das Gedächtnis und die Aufmerksamkeit wichtig sind, können von diesen Veränderungen betroffen sein. Dennoch kann das Gehirn dank seiner Plastizität und Anpassungsfähigkeit auch im Alter neue Verbindungen bilden und sich an veränderte Umstände anpassen.

Die Entwicklung des Gehirns im Laufe des Lebens ist ein wahrhaft komplexer Prozess, der von genetischen Faktoren,

Umwelteinflüssen und persönlichen Erfahrungen geprägt wird. Es ist ein faszinierendes Zusammenspiel zwischen strukturellen Veränderungen und funktioneller Reifung, das uns als Individuen einzigartig macht. Die Erforschung dieser Entwicklungsdynamik ist von entscheidender Bedeutung, um ein umfassendes Verständnis des menschlichen Gehirns zu erlangen und mögliche Auswirkungen von Störungen oder Erkrankungen besser zu verstehen.

Die pränatale Phase, also die Zeit vor der Geburt, ist eine entscheidende Periode in der neurologischen Entwicklung des Kindes. Während dieser Phase entfaltet sich das menschliche Gehirn auf erstaunliche Weise, wobei komplexe Prozesse der Zellteilung, Migration und Differenzierung stattfinden, um die Grundlage für die zukünftigen kognitiven und motorischen Fähigkeiten zu legen.

Schon in den frühen Stadien der Embryonalentwicklung beginnt die Bildung des Neuralrohrs, aus dem sich das zentrale Nervensystem entwickeln wird. Das Neuralrohr differenziert sich weiter in verschiedene Regionen, aus denen später die verschiedenen Hirnstrukturen hervorgehen werden. Das früheste Stadium dieser Entwicklung wird als Neuralplatte bezeichnet und legt den Grundstein für die Bildung des Gehirns und des Rückenmarks.

Während der weiteren pränatalen Entwicklung entstehen die drei primären Gehirnbläschen: das Vorderhirn, das Mittelhirn und das Hinterhirn. Diese primären Gehirnbläschen bilden die Grundlage für die Bildung der späteren Gehirnstrukturen. Das Vorderhirn gibt den Anstoß für die Entwicklung des Großhirns, das die höheren kognitiven Funktionen steuert. Das Mittelhirn entwickelt sich zu Strukturen wie dem Thalamus und der Hypophyse, die eine wichtige Rolle bei der Wahrnehmungsverarbeitung und der

Hormonregulation spielen. Das Hinterhirn gibt den Impuls zur Bildung des Kleinhirns, das für die Koordination von Bewegungen und das Gleichgewicht verantwortlich ist.

In der pränatalen Phase erfolgt auch die Migration von Neuronen an ihre endgültigen Positionen im Gehirn. Dieser Prozess ist von entscheidender Bedeutung für die korrekte Ausbildung der neuronalen Schaltkreise und die Bildung funktioneller Netzwerke. Fehler bei der Migration können zu strukturellen oder funktionellen Störungen führen, die sich auf die spätere Entwicklung des Kindes auswirken können.

Parallel zur Migration werden auch synaptische Verbindungen hergestellt, die die Kommunikation zwischen den Neuronen ermöglichen. Die Synaptogenese, also die Bildung von Synapsen, ist ein intensiver Prozess, der in der pränatalen Phase beginnt und sich nach der Geburt fortsetzt. Durch diese Synapsenbildung entstehen komplexe neuronale Netzwerke, die die Grundlage für die spätere Informationsverarbeitung im Gehirn bilden.

Während der pränatalen Phase werden auch grundlegende Aspekte der Gehirnfunktionen entwickelt, wie zum Beispiel die Reifung der Sinnesorgane und die frühe Wahrnehmungsverarbeitung. Die Gehirnstrukturen, die für das Sehen, Hören, Riechen und Fühlen zuständig sind, nehmen Gestalt an und beginnen auf sensorische Reize zu reagieren. Diese frühen sensorischen Erfahrungen tragen zur weiteren Ausbildung der Gehirnfunktionen bei und beeinflussen die spätere kognitive Entwicklung des Kindes.

Es ist wichtig anzumerken, dass die pränatale Phase eine äußerst empfindliche Zeit ist, in der das sich entwickelnde Gehirn anfällig für Umwelt- und genetische Einflüsse ist. Faktoren wie Ernährung, Exposition gegenüber schädlichen

Substanzen, Stress oder Infektionen können die Entwicklung des Gehirns beeinflussen und zu langfristigen Auswirkungen auf die neurologische Funktion führen.

Die pränatale Phase der Gehirnentwicklung ist ein bemerkenswerter Prozess, bei dem die Grundlagen für die spätere neurologische Reife und Funktionsfähigkeit gelegt werden. Die Koordination von Zellteilung, Migration, Differenzierung und Synapsenbildung ist entscheidend für die Entstehung der komplexen Netzwerke, die unsere kognitiven und motorischen Fähigkeiten ermöglichen. Ein umfassendes Verständnis der pränatalen Gehirnentwicklung ist von großer Bedeutung, um mögliche Risikofaktoren zu erkennen, die die normale Entwicklung beeinträchtigen könnten, und um interventionelle Ansätze zur Unterstützung einer gesunden Gehirnentwicklung zu entwickeln.

Die frühe Kindheit ist eine Zeit intensiver neurologischer Entwicklung, in der das Gehirn eine Vielzahl kritischer Phasen durchläuft und bedeutende Meilensteine in seiner Struktur und Funktion erreicht. Während dieser Zeit werden die Grundlagen für die kognitive, emotionale und motorische Entwicklung gelegt, und das Gehirn zeigt eine erstaunliche Plastizität und Anpassungsfähigkeit.

Eine der bemerkenswertesten kritischen Phasen in der frühen Kindheit ist die Sprachentwicklung. In den ersten Lebensjahren zeigt das Gehirn eine hohe Empfänglichkeit für sprachliche Reize und die Fähigkeit, verschiedene sprachliche Klänge zu unterscheiden. Während dieser Zeit werden neuronale Schaltkreise entwickelt, die für die Sprachverarbeitung und die Ausbildung eines umfangreichen Vokabulars von großer Bedeutung sind. Die Qualität der sprachlichen Erfahrungen und die Interaktion mit der Umgebung spielen eine entscheidende Rolle für die weitere Entwicklung der Sprache.

Eine weitere kritische Phase in der frühen Kindheit betrifft die Entwicklung der Motorik. In den ersten Lebensjahren macht das Gehirn beeindruckende Fortschritte in der Ausbildung von motorischen Fähigkeiten, angefangen von einfachen Reflexen bis hin zu komplexen Bewegungsabläufen. Das Gehirn bildet Verbindungen zwischen sensorischen und motorischen Bereichen, um die Steuerung von Bewegungen zu ermöglichen. Es ist während dieser Zeit, dass wichtige Meilensteine wie das Greifen, Krabbeln, Gehen und das feinmotorische Geschick erreicht werden.

Die kognitive Entwicklung ist ebenfalls ein zentraler Aspekt der frühen Kindheit. In dieser Phase entwickelt sich das Denken von konkreten zu abstrakten Denkprozessen. Das Gehirn bildet neue Verbindungen zwischen verschiedenen Hirnregionen, die für die Verarbeitung von Informationen, das Problemlösen und das Planen von Handlungen wichtig sind. Die frühkindliche Bildung und die Förderung kognitiver Fähigkeiten spielen eine wichtige Rolle bei der Unterstützung dieser Entwicklung.

Die emotionale Entwicklung ist ein weiteres entscheidendes Merkmal der frühen Kindheit. Das Gehirn bildet Verbindungen zwischen den Hirnregionen, die für die Verarbeitung von Emotionen und die Regulation des emotionalen Erlebens und Ausdrucks zuständig sind. In dieser Phase entwickeln sich auch grundlegende soziale Fähigkeiten wie Empathie und das Verständnis von Gefühlen anderer Menschen. Die Qualität der Beziehungen und die emotionale Unterstützung in der frühen Kindheit haben langfristige Auswirkungen auf die emotionale Entwicklung.

Die frühe Kindheit ist eine Zeit, in der das Gehirn enorme Fortschritte macht und bedeutende Meilensteine erreicht. Kritische Phasen ermöglichen es dem Gehirn, auf spezifische Reize und Erfahrungen empfindlicher zu reagieren und sich an sie anzupassen. Die Förderung einer positiven Umgebung, die reich an sprachlichen, motorischen, kognitiven und emotionalen Erfahrungen ist, ist von entscheidender Bedeutung für eine gesunde neurologische Entwicklung. Das frühkindliche Gehirn ist ein bemerkenswertes organisches System, das die Grundlage für das gesamte spätere Leben legt und uns ermöglicht, die Welt zu erkunden und uns weiterzuentwickeln.

Die Adoleszenz ist eine bemerkenswerte Phase der neurologischen Entwicklung, in der das Gehirn erneut beeindruckende Fortschritte macht und sich weiterentwickelt. Diese Zeit des Übergangs von der Kindheit ins Erwachsenenalter ist geprägt von bedeutenden Veränderungen in der Hirnstruktur und -funktion, die sich auf das Verhalten, die Entscheidungsfindung und die emotionale Regulation auswirken. Während der Adoleszenz findet eine signifikante Reorganisation und Neuverdrahtung des Gehirns statt. Dieser Prozess wird als Synaptischer Umbau bezeichnet und beinhaltet das Pruning von Synapsen, das heißt die Verfeinerung und Eliminierung von Verbindungen zwischen den Neuronen. Dadurch werden die neuronalen Schaltkreise effizienter und spezialisierter, was zu einer verbesserten Informationsverarbeitung führt.

Eine bedeutende Veränderung in der Adoleszenz betrifft die Entwicklung des präfrontalen Kortex, einer Hirnregion, die für kognitive Funktionen wie Planung, Entscheidungsfindung, Impulskontrolle und soziale Kognition verantwortlich ist. Während dieser Zeit erfährt der präfrontale Kortex eine deutliche Reifung und verbesserte Konnektivität mit anderen Hirnregionen. Dies ermöglicht ein höheres Maß an Selbstkontrolle und die Fähigkeit, komplexe Entscheidungen zu treffen und die Konsequenzen abzuwägen.

Ein weiterer wichtiger Aspekt der neurologischen Entwicklung in der Adoleszenz betrifft das Belohnungssystem im Gehirn, insbesondere den Nucleus accumbens. Dieser Bereich ist eng mit der Verarbeitung von Belohnungen und der Motivation verbunden. Während der Adoleszenz reagiert das Belohnungssystem empfindlicher auf Belohnungsreize und ist weniger sensibel für negative Konsequenzen. Dies kann zu risikoreichem Verhalten und erhöhter Experimentierfreude führen.

Die Auswirkungen dieser neurologischen Veränderungen auf das Verhalten in der Adoleszenz sind vielfältig. Jugendliche zeigen oft erhöhtes Risikoverhalten, sensationssuchendes Verhalten und Neugierde. Sie können auch anfälliger für den Einfluss von Gleichaltrigen sein und haben manchmal Schwierigkeiten bei der Selbstregulation und Impulskontrolle. Diese Verhaltensweisen spiegeln die Entwicklungsprozesse im Gehirn wider und sind Teil eines natürlichen Prozesses der Loslösung von der Kindheit und der Suche nach der eigenen Identität.

Es ist wichtig anzumerken, dass diese Veränderungen im Gehirn und Verhaltensweisen in der Adoleszenz nicht zwangsläufig zu negativen Auswirkungen führen müssen. Die neu gewonnenen Fähigkeiten zur kognitiven Flexibilität und zur sozialen Kognition ermöglichen es Jugendlichen, neue Ideen zu erkunden, sich selbst auszudrücken und ihre Autonomie zu entwickeln. Es ist eine Zeit des Lernens und der persönlichen Entwicklung, in der Jugendliche ihre eigenen Werte und Ziele entdecken. Insgesamt ist die Adoleszenz eine Phase intensiver neurologischer Entwicklung, in der das Gehirn sich weiterentwickelt und sich an die Anforderungen des Erwachsenenlebens anpasst. Die Veränderungen in der Hirnstruktur und -funktion haben Auswirkungen auf das Verhalten, die Entscheidungsfindung und die emotionale Regulation. Indem wir ein umfassendes Verständnis für diese Entwicklungsprozesse haben, können wir die Bedürfnisse und Herausforderungen von Jugendlichen besser verstehen und sie dabei unterstützen, ihre Potenziale zu entfalten und gesunde Entscheidungen zu treffen.

Der Alkoholkonsum während der pränatalen Phase

Der Alkoholkonsum während der pränatalen Phase kann schwerwiegende Auswirkungen auf die Gehirnentwicklung haben und zu fetalen Alkoholspektrumstörungen (FASD) führen. FASD ist eine Sammelbezeichnung für verschiedene neurologische und kognitive Beeinträchtigungen, die bei Kindern auftreten können, deren Mütter während der Schwangerschaft Alkohol konsumiert haben.

Die pränatale Exposition gegenüber Alkohol kann zu einer Reihe von Schädigungen im sich entwickelnden Gehirn führen. Eine der bekanntesten Auswirkungen ist die Unterentwicklung des präfrontalen Kortex, einer Hirnregion, die für kognitive Funktionen wie Planung, Impulskontrolle und Entscheidungsfindung von entscheidender Bedeutung ist. Die Schädigung dieser Region kann zu Schwierigkeiten bei der Selbstregulation und der Fähigkeit, Konsequenzen abzuwägen, führen.

Darüber hinaus kann der Alkoholkonsum während der pränatalen Phase zu Veränderungen in der Gehirnstruktur und -funktion führen. Es kann zu einer Beeinträchtigung der neuronalen Migration kommen, bei der die Neuronen nicht in der richtigen Weise in das sich entwickelnde Gehirn wandern. Dies kann zu abnormalen Verbindungen und ungewöhnlichen Mustern der neuronalen Aktivität führen.

Ein weiterer wichtiger Aspekt von FASD ist die Schädigung der synaptischen Entwicklung. Die Synapsen, die für die Kommunikation zwischen den Neuronen verantwortlich sind, können in ihrer Struktur und Funktion beeinträchtigt sein. Dies kann zu Störungen in der

Informationsübertragung im Gehirn führen und die kognitive und motorische Entwicklung beeinflussen.

Die Auswirkungen von FASD auf die Gehirnentwicklung können weitreichend sein und sich auf verschiedene Bereiche der kognitiven Funktionen auswirken. Kinder mit FASD können Schwierigkeiten in den Bereichen Aufmerksamkeit, Gedächtnis, Sprache, Lernfähigkeit und sozialen Fähigkeiten haben. Sie können auch Verhaltensprobleme und emotionale Dysregulation zeigen.

Es ist wichtig zu beachten, dass FASD eine vermeidbare Störung ist, da sie durch den vollständigen Verzicht auf Alkoholkonsum während der Schwangerschaft verhindert werden kann. Ein bewusster Umgang mit den Risiken des Alkoholkonsums während der Schwangerschaft und die Förderung einer alkoholfreien Schwangerschaft sind von entscheidender Bedeutung, um diese schädlichen Auswirkungen auf die Gehirnentwicklung zu vermeiden.

Die Auswirkungen von Alkoholkonsum auf die Gehirnentwicklung in der pränatalen Phase sind ein wichtiges Thema der neurologischen Forschung. Durch ein besseres Verständnis der zugrunde liegenden Mechanismen und der langfristigen Auswirkungen können wir präventive Maßnahmen entwickeln, um das Risiko von FASD zu reduzieren. Es ist von größter Bedeutung, die breite Öffentlichkeit über die Risiken des Alkoholkonsums während der Schwangerschaft aufzuklären und Schwangere zu unterstützen, um die bestmögliche Entwicklung des Gehirns ihrer Kinder zu gewährleisten.

Der Einfluss von Alkoholkonsum auf die Hirnreifung während der Adoleszenz ist ein Thema von großer Bedeutung, da diese Phase durch erhebliche Veränderungen im Gehirn gekennzeichnet ist. Während dieser Zeit findet eine fortgesetzte Differenzierung und Verfeinerung der neuronalen Schaltkreise statt, die für die kognitive, emotionale und soziale Entwicklung von entscheidender Bedeutung sind. Alkoholkonsum während der Adoleszenz kann jedoch nachweislich schwerwiegende Auswirkungen auf diese Prozesse haben.

Eine der Hauptfolgen von Alkoholkonsum in der Adoleszenz ist die Unterbrechung der normalen synaptischen Reifung. Synapsen sind die Verbindungen zwischen den Neuronen, die für die Kommunikation im Gehirn verantwortlich sind. Während der Adoleszenz findet eine synaptische Feinabstimmung statt, bei der ungenutzte Synapsen abgebaut und wichtige Verbindungen verstärkt werden. Alkoholkonsum kann diese Prozesse stören und zu anormalen synaptischen Verbindungen führen, die die Informationsübertragung und die Gehirnfunktion beeinträchtigen können.

Darüber hinaus kann Alkoholkonsum in der Adoleszenz zu strukturellen Veränderungen im Gehirn führen. Insbesondere der präfrontale Kortex, der für die Steuerung von Verhalten, Impulskontrolle, Entscheidungsfindung und kognitive Funktionen zuständig ist, kann betroffen sein. Diese Region reift während der Adoleszenz noch weiter aus und ist daher anfällig für die schädlichen Auswirkungen von Alkohol. Störungen im präfrontalen Kortex können zu Problemen bei der Selbstkontrolle, impulsivem Verhalten und Schwierigkeiten bei der Entscheidungsfindung führen.

Darüber hinaus kann Alkoholkonsum in der Adoleszenz auch die Entwicklung anderer wichtiger Hirnregionen beeinträchtigen. Das limbische System, das für die Regulation von Emotionen und die Entstehung vom Gedächtnis zuständig ist, kann negativ beeinflusst werden.

Dies kann zu Stimmungsstörungen, Angstzuständen und Gedächtnisproblemen führen.

Es ist wichtig anzumerken, dass die Auswirkungen von Alkoholkonsum in der Adoleszenz individuell variieren können und von Faktoren wie der Menge des konsumierten Alkohols, der Häufigkeit des Konsums und genetischen Unterschieden abhängen können. Einige Jugendliche können möglicherweise weniger anfällig für die schädlichen Auswirkungen sein, während andere ein erhöhtes Risiko haben.

Die schädlichen Auswirkungen von Alkoholkonsum auf die Hirnreifung in der Adoleszenz haben langfristige Konsequenzen. Jugendliche, die in dieser Zeit Alkohol konsumieren, können ein erhöhtes Risiko für langfristige kognitive Beeinträchtigungen, Gedächtnisstörungen, impulsives Verhalten, Suchtprobleme und psychische Erkrankungen haben.

Es ist von größter Bedeutung, das Bewusstsein für die Risiken von Alkoholkonsum in der Adoleszenz zu schärfen und präventive Maßnahmen zu ergreifen. Frühzeitige Aufklärung über die Auswirkungen von Alkohol, Unterstützung bei der Entwicklung von gesunden Bewältigungsstrategien und die Förderung eines positiven Umfelds sind von entscheidender Bedeutung, um die bestmögliche Hirnreifung und die Entwicklung gesunder neurologischer Funktionen bei Jugendlichen zu fördern.

Der Einfluss von Alkoholkonsum im Jugendalter

Der Einfluss von Alkoholkonsum im Jugendalter auf die kognitive und neurologische Funktion, insbesondere auf das Gedächtnis und die Lernfähigkeit, ist ein Thema von großer Bedeutung. Das Jugendalter ist eine Zeit, in der das Gehirn noch in einem dynamischen Entwicklungsprozess begriffen ist und Veränderungen in den neuronalen Verbindungen und Hirnregionen stattfinden. Der Konsum von Alkohol in dieser sensiblen Phase kann nachweislich langfristige Auswirkungen auf die kognitive Leistungsfähigkeit haben.

Eine der wichtigsten kognitiven Funktionen, die durch Alkoholkonsum im Jugendalter beeinträchtigt werden kann, ist das Gedächtnis. Das Gedächtnis besteht aus verschiedenen Komponenten wie dem Arbeitsgedächtnis, dem deklarativen Gedächtnis und dem impliziten Gedächtnis. Alkoholkonsum kann sich auf alle diese Gedächtnisformen auswirken.

Das Arbeitsgedächtnis, das für das kurzfristige Halten und Verarbeiten von Informationen verantwortlich ist, kann durch Alkoholkonsum beeinträchtigt werden. Studien zeigen, dass Jugendliche, die regelmäßig Alkohol konsumieren, Schwierigkeiten haben können, Informationen effektiv zu behalten und sich an sie zu erinnern. Dies kann zu Beeinträchtigungen im schulischen und beruflichen Umfeld führen.

Das deklarative Gedächtnis, das für das Erinnern von Fakten und Ereignissen zuständig ist, kann ebenfalls beeinträchtigt werden. Alkoholkonsum kann die Bildung neuer Gedächtnisspuren beeinträchtigen und zu Problemen beim Abrufen von Informationen führen. Dies kann dazu führen, dass Jugendliche Schwierigkeiten haben, sich an schulische Lerninhalte oder andere relevante Informationen zu erinnern. Darüber hinaus kann Alkoholkonsum im Jugendalter auch Auswirkungen auf das implizite Gedächtnis haben, das für das Erlernen und Abrufen von motorischen Fähigkeiten und Gewohnheiten verantwortlich ist. Jugendliche, die Alkohol konsumieren, können Schwierigkeiten haben, neue Fähigkeiten zu erlernen oder bereits erworbene Fertigkeiten beizubehalten. Dies kann sich auf Aktivitäten wie das Erlernen eines Musikinstruments, das Sporttraining oder das Fahren eines Fahrzeugs auswirken.

Die neurologischen Auswirkungen von Alkoholkonsum im Jugendalter auf das Gedächtnis und die Lernfähigkeit sind vielfältig. Alkohol kann die Synapsenbildung und -konnektivität beeinflussen, was zu einer Beeinträchtigung der Informationsübertragung im Gehirn führt. Insbesondere der Hippocampus, eine Schlüsselregion für das Gedächtnis, kann betroffen sein. Die schädlichen Auswirkungen von Alkohol auf den Hippocampus können zu strukturellen Veränderungen führen und die Gedächtnisbildung beeinträchtigen.

Es ist wichtig anzumerken, dass die Auswirkungen von Alkoholkonsum im Jugendalter auf das Gedächtnis und die Lernfähigkeit individuell variieren können. Einige Jugendliche können empfindlicher auf die schädlichen Auswirkungen von Alkohol reagieren als andere, abhängig von Faktoren wie der Menge des konsumierten Alkohols, der Häufigkeit des Konsums und genetischen Unterschieden.

Es ist von größter Bedeutung, das Bewusstsein für die Risiken von Alkoholkonsum im Jugendalter zu schärfen und präventive Maßnahmen zu ergreifen. Bildung über die Auswirkungen von Alkoholkonsum, Unterstützung bei der Entwicklung gesunder Bewältigungsstrategien und die Förderung eines positiven Umfelds sind von entscheidender Bedeutung, um die bestmögliche kognitive und neurologische Entwicklung bei Jugendlichen zu fördern. Durch diese Maßnahmen können wir dazu beitragen, die langfristigen Auswirkungen auf das Gedächtnis und die Lernfähigkeit zu minimieren und Jugendlichen dabei helfen, ihr volles intellektuelles Potenzial zu entfalten.

Der Einfluss von Alkoholkonsum im Jugendalter auf die kognitive Verarbeitungsgeschwindigkeit ist ein wichtiger Aspekt, der untersucht werden muss, da diese Fähigkeit für die Informationsverarbeitung und die Effizienz des Denkens von großer Bedeutung ist. Die kognitive Verarbeitungsgeschwindigkeit bezieht sich auf die Fähigkeit des Gehirns, Informationen schnell und effektiv zu verarbeiten, was für viele kognitive Aufgaben wie das Lesen, das Problemlösen und das Lernen entscheidend ist.

Studien haben gezeigt, dass Alkoholkonsum im Jugendalter die kognitive Verarbeitungsgeschwindigkeit beeinträchtigen kann. Jugendliche, die regelmäßig Alkohol konsumieren, können eine langsamere Reaktionszeit und eine reduzierte Effizienz bei der Durchführung kognitiver Aufgaben aufweisen. Dies kann sich in einer verringerten Aufmerksamkeit, einer langsameren Verarbeitung von Informationen und Schwierigkeiten beim Denken und Lernen manifestieren.

Die neurologischen Auswirkungen von Alkoholkonsum auf die kognitive Verarbeitungsgeschwindigkeit sind vielfältig. Alkohol wirkt als zentralnervöses Depressivum und beeinflusst die Aktivität und Kommunikation zwischen den Neuronen im Gehirn. Insbesondere die Hemmung des

Neurotransmitters GABA und die Aktivierung des Neurotransmitters Glutamat durch Alkohol können die neuronale Signalübertragung beeinträchtigen und zu einer verlangsamten kognitiven Verarbeitung führen.

Darüber hinaus kann Alkoholkonsum im Jugendalter zu Veränderungen in bestimmten Hirnregionen führen, die für die kognitive Verarbeitungsgeschwindigkeit von Bedeutung sind. Der präfrontale Kortex, der für die Regulation von Aufmerksamkeit, Impulskontrolle und kognitiven Funktionen zuständig ist, kann von den schädlichen Auswirkungen von Alkohol betroffen sein. Störungen in dieser Region können zu einer Beeinträchtigung der kognitiven Verarbeitungsgeschwindigkeit führen.

Es ist wichtig anzumerken, dass die Auswirkungen von Alkoholkonsum im Jugendalter auf die kognitive Verarbeitungsgeschwindigkeit individuell variieren können. Einige Jugendliche können empfindlicher auf die schädlichen Auswirkungen von Alkohol reagieren als andere, abhängig von Faktoren wie der Menge des konsumierten Alkohols, der Häufigkeit des Konsums und genetischen Unterschieden.

Es ist entscheidend, das Bewusstsein für die Risiken von Alkoholkonsum im Jugendalter in Bezug auf die kognitive Verarbeitungsgeschwindigkeit zu schärfen und präventive Maßnahmen zu ergreifen. Bildung über die Auswirkungen von Alkohol, die Förderung gesunder Bewältigungsstrategien und die Schaffung eines unterstützenden Umfelds sind von großer Bedeutung, um die bestmögliche kognitive Entwicklung bei Jugendlichen zu fördern. Durch diese Maßnahmen können wir dazu beitragen, die langfristigen Auswirkungen auf die kognitive Verarbeitungsgeschwindigkeit zu minimieren und Jugendlichen dabei helfen, ihr volles kognitives Potenzial zu entfalten.

Der Zusammenhang zwischen Alkoholkonsum im Jugendalter und neurodegenerativen Erkrankungen ist ein Thema von großer Bedeutung, da Studien darauf hinweisen, dass der frühe Konsum von Alkohol das Risiko für spätere neurodegenerative Erkrankungen erhöhen kann. Neurodegenerative Erkrankungen sind gekennzeichnet durch den fortschreitenden Verlust von Neuronen und Funktionen des Nervensystems, was zu kognitiven und motorischen Beeinträchtigungen führt.

Ein wichtiges Beispiel für eine neurodegenerative Erkrankung ist die Alzheimer-Krankheit. Studien haben gezeigt, dass exzessiver Alkoholkonsum im Jugendalter mit einem erhöhten Risiko für die Entwicklung von Alzheimer in späteren Lebensphasen in Verbindung gebracht werden kann. Alkohol kann das Gehirn schädigen und zu Entzündungen, oxidativem Stress und einer gestörten Proteinhomöostase führen, die als mögliche Mechanismen für die Entwicklung neurodegenerativer Erkrankungen diskutiert werden.

Eine weitere neurodegenerative Erkrankung, die mit Alkoholkonsum im Jugendalter in Verbindung gebracht werden kann, ist die Parkinson-Krankheit. Parkinson ist durch den Verlust von Dopamin-produzierenden Neuronen im Gehirn gekennzeichnet, was zu motorischen Beeinträchtigungen führt. Studien haben gezeigt, dass exzessiver Alkoholkonsum im Jugendalter das Risiko für die Entwicklung von Parkinson erhöhen kann. Alkohol kann das dopaminerge System im Gehirn beeinträchtigen und Entzündungsprozesse auslösen, die zu einer erhöhten Anfälligkeit für die Parkinson-Krankheit führen können.

Es ist wichtig anzumerken, dass der Zusammenhang zwischen Alkoholkonsum im Jugendalter und neurodegenerativen Erkrankungen komplex ist und von mehreren Faktoren beeinflusst wird. Die Menge des konsumierten Alkohols, die Dauer des Konsums und genetische und Umweltfaktoren können eine Rolle spielen. Darüber hinaus ist zu beachten, dass nicht jeder, der in der Jugend Alkohol konsumiert, zwangsläufig eine neurodegenerative Erkrankung entwickelt.

Dennoch legen die vorliegenden Studien nahe, dass der frühe Konsum von Alkohol eine potenzielle Rolle bei der Entstehung neurodegenerativer Erkrankungen spielen kann. Daher ist es wichtig, das Bewusstsein für die Risiken von Alkoholkonsum im Jugendalter in Bezug auf neurodegenerative Erkrankungen zu schärfen und präventive Maßnahmen zu ergreifen. Frühzeitige Aufklärung über die potenziellen langfristigen Folgen von Alkohol, die Förderung einer gesunden Lebensweise und die Unterstützung von Jugendlichen bei der Entwicklung gesunder Bewältigungsstrategien sind von entscheidender Bedeutung, um das Risiko für neurodegenerative Erkrankungen zu minimieren und die bestmögliche neurologische Entwicklung zu fördern.

Bei der Untersuchung der Gehirnentwicklung und des Alkoholkonsums haben experimentelle Studien eine wichtige Rolle gespielt, um fundierte Erkenntnisse über die Auswirkungen von Alkohol auf das sich entwickelnde Gehirn zu gewinnen. Experimentelle Studien ermöglichen es den Forschern, bestimmte Variablen zu kontrollieren und gezielt zu manipulieren, um kausale Zusammenhänge zu identifizieren und die zugrunde liegenden Mechanismen besser zu verstehen.

Eine häufig verwendete Methode in experimentellen Studien zur Gehirnentwicklung und Alkoholkonsum ist die Tiermodellforschung. In diesen Studien werden Tiere wie Ratten oder Mäuse verwendet, um die Auswirkungen von

Alkohol auf das Gehirn zu untersuchen. Durch die Exposition der Tiere gegenüber Alkohol während der Entwicklungsphasen, die dem Menschen in der pränatalen oder adoleszenten Phase entsprechen, können Forscher die neurologischen Veränderungen beobachten und Verhaltensweisen analysieren. Diese Studien liefern wichtige Erkenntnisse über die strukturellen und funktionellen Auswirkungen von Alkoholkonsum auf das Gehirn.

Darüber hinaus werden auch In-vitro-Studien durchgeführt, bei denen Gehirnzellen oder Gewebeproben im Labor untersucht werden. Diese Studien ermöglichen es den Forschern, spezifische Effekte von Alkohol auf die Gehirnzellen zu untersuchen und die zugrunde liegenden Mechanismen zu erforschen. Sie liefern Informationen über Veränderungen in der Neurotransmitterfunktion, der Genexpression und der Zellkommunikation, die durch Alkoholkonsum beeinflusst werden können.

Ein weiterer Ansatz in experimentellen Studien zur Gehirnentwicklung und Alkoholkonsum ist die Bildgebungstechnologie. Mit Hilfe von Techniken wie der funktionellen Magnetresonanztomographie (fMRT) können Forscher die Aktivität des Gehirns bei Personen, die Alkohol konsumieren, in Echtzeit erfassen. Dies ermöglicht es, Veränderungen in der Gehirnaktivität während bestimmter kognitiver Aufgaben oder in Ruhezuständen zu untersuchen und Zusammenhänge mit dem Alkoholkonsum herzustellen.

Die Forschungslage zu experimentellen Studien zur Gehirnentwicklung und Alkoholkonsum ist umfangreich und liefert wertvolle Erkenntnisse über die neurologischen Auswirkungen von Alkoholkonsum. Die Studien zeigen, dass Alkohol zu strukturellen Veränderungen im Gehirn führen kann, wie z.B. Schrumpfung bestimmter Hirnregionen und Veränderungen in der neuronalen Konnektivität. Darüber hinaus beeinflusst Alkoholkonsum auch die neurochemische Balance und kann zu Störungen der Neurotransmitterfunktion führen.

Es ist wichtig anzumerken, dass experimentelle Studien ihre eigenen Einschränkungen haben. Die Übertragbarkeit der Ergebnisse auf den Menschen kann begrenzt sein, da Tiermodelle nicht alle Aspekte der menschlichen Gehirnentwicklung erfassen können. Darüber hinaus können ethische Bedenken bestehen, wenn es darum geht, Alkohol in experimentellen Studien am Menschen zu verabreichen. Insgesamt liefern experimentelle Studien zur Gehirnentwicklung und Alkoholkonsum wertvolle Informationen über die neurologischen Auswirkungen von Alkohol auf das sich entwickelnde Gehirn. Die Kombination verschiedener Forschungsmethoden ermöglicht es Forschern, ein umfassendes Bild der neuronalen Veränderungen zu erhalten und den Zusammenhang zwischen Alkoholkonsum und Gehirnentwicklung besser zu verstehen. Diese Erkenntnisse tragen dazu bei, das Bewusstsein für die Risiken von Alkoholkonsum zu schärfen und präventive Maßnahmen zur Förderung einer gesunden Gehirnentwicklung zu entwickeln.

In der Forschung zu den Auswirkungen von Alkoholkonsum auf die Gehirnentwicklung spielen Längsschnittstudien und retrospektive Analysen eine bedeutende Rolle. Diese Methoden ermöglichen es Forschern, den Verlauf der Entwicklung über einen längeren Zeitraum zu verfolgen und Zusammenhänge zwischen Alkoholkonsum und langfristigen neurologischen Folgen zu identifizieren.

Längsschnittstudien sind prospektive Studien, bei denen Daten über einen bestimmten Zeitraum hinweg gesammelt werden, um Veränderungen im Verhalten und in den kognitiven Fähigkeiten zu untersuchen. In Bezug auf Alkoholkonsum und Gehirnentwicklung könnten Forscher beispielsweise Jugendliche über mehrere Jahre hinweg begleiten und regelmäßig Informationen über ihren Alkoholkonsum sammeln, sowie neuropsychologische Tests durchführen, um die kognitiven Funktionen zu bewerten. Durch die wiederholte Datenerhebung können Forscher den Einfluss des Alkoholkonsums auf die Veränderungen in der Gehirnentwicklung im Laufe der Zeit analysieren.

Retrospektive Analysen sind eine weitere Methode in der Forschung zu Alkohol und Gehirnentwicklung. Hierbei werden historische Daten, wie beispielsweise medizinische Aufzeichnungen oder Befragungen, genutzt, um den Zusammenhang zwischen vergangenem Alkoholkonsum und aktuellen neurologischen Folgen zu untersuchen. Retrospektive Analysen können Informationen über Alkoholkonsum in der Vergangenheit liefern und somit Rückschlüsse auf die langfristigen Effekte auf die Gehirnentwicklung ermöglichen. Diese Methode kann jedoch durch Einschränkungen, wie Erinnerungsverzerrungen oder ungenaue Datenerfassung, beeinflusst werden.

Die Studienlage zu Längsschnittstudien und retrospektiven Analysen in Bezug auf Alkoholkonsum und Gehirnentwicklung ist umfangreich. Diese Forschungsansätze haben dazu beigetragen, einen Zusammenhang zwischen Alkoholkonsum im Jugendalter und langfristigen neurologischen Folgen, wie kognitiven Beeinträchtigungen und strukturellen Veränderungen im Gehirn, aufzuzeigen. Sie liefern wichtige Hinweise auf die Risiken von Alkoholkonsum und tragen zur Entwicklung von Präventions- und Interventionsstrategien bei.

Es ist jedoch wichtig zu beachten, dass Längsschnittstudien und retrospektive Analysen ihre eigenen Einschränkungen haben. In Längsschnittstudien können Dropouts oder fehlende Datenpunkte die Ergebnisse beeinflussen und eine genaue Interpretation erschweren. Retrospektive Analysen können durch die Genauigkeit und Zuverlässigkeit der retrospektiven Informationen begrenzt sein.

Um aussagekräftige Ergebnisse zu erzielen, werden diese Methoden häufig mit anderen Forschungsansätzen wie experimentellen Studien oder Bildgebungstechniken kombiniert. Durch die Integration verschiedener Methoden und den Einsatz von strengen methodischen Standards können Forscher ein umfassendes Verständnis der langfristigen Auswirkungen von Alkoholkonsum auf die Gehirnentwicklung gewinnen.

Insgesamt spielen Längsschnittstudien und retrospektive Analysen eine wichtige Rolle bei der Erforschung der Auswirkungen von Alkoholkonsum auf die Gehirnentwicklung. Sie tragen dazu bei, den Zusammenhang zwischen Alkoholkonsum und neurologischen Folgen zu untersuchen und liefern wichtige Erkenntnisse für Präventionsstrategien und die Entwicklung von Interventionen zur Förderung einer gesunden Gehirnentwicklung im Jugendalter.

Die Erforschung der Auswirkungen von Alkoholkonsum auf die Gehirnentwicklung ist ein komplexes Thema, das mit verschiedenen Limitationen und Herausforderungen verbunden ist. Es ist wichtig, diese zu berücksichtigen, um die Ergebnisse der Forschung angemessen zu interpretieren und mögliche Einschränkungen zu verstehen.

Eine der größten Herausforderungen in der Forschung zu diesem Thema ist die ethische Dimension. Die Durchführung kontrollierter experimenteller Studien, insbesondere bei

Jugendlichen, die dem Risiko des Alkoholkonsums ausgesetzt sind, ist ethisch problematisch. Daher sind viele Studien auf Beobachtungsdaten angewiesen, bei denen der Alkoholkonsum retrospektiv berichtet wird. Diese Methode kann jedoch durch Verzerrungen der Erinnerung und mangelnde Genauigkeit beeinflusst werden.

Ein weiteres Problem besteht darin, dass viele Studien auf Selbstberichten basieren, was zu einer gewissen Subjektivität führen kann. Personen neigen dazu, ihren Alkoholkonsum zu unterschätzen oder zu verfälschen, insbesondere bei sensiblen Themen wie Alkoholkonsum im Jugendalter. Dies kann zu Verzerrungen der Daten führen und die Validität der Studienergebnisse beeinträchtigen.

Eine weitere Herausforderung besteht darin, die kausale Beziehung zwischen Alkoholkonsum und neurologischen Folgen zu bestimmen. Es ist schwierig, den genauen Einfluss von Alkohol auf die Gehirnentwicklung isoliert von anderen potenziellen Einflussfaktoren wie genetischen Prädispositionen oder Umweltfaktoren zu bestimmen. Zudem besteht eine hohe interindividuelle Variabilität, was bedeutet, dass nicht alle Personen, die Alkohol konsumieren, die gleichen neurologischen Auswirkungen erleben.

Die Studienlage zu den Auswirkungen von Alkoholkonsum auf die Gehirnentwicklung ist vielfältig, jedoch gibt es immer noch eine begrenzte Anzahl von hochwertigen Studien, die langfristige und umfassende Daten liefern. Oftmals sind die Stichprobengrößen begrenzt und die Untersuchungszeiträume relativ kurz, was es schwierig macht, langfristige Auswirkungen zu erfassen.

Ein weiteres Hindernis ist die Herausforderung, die neurologischen Auswirkungen spezifischen Alkoholkonsums genau zu quantifizieren. Die Menge, Dauer und

Häufigkeit des Alkoholkonsums können variieren, und es ist schwierig, diese Faktoren einheitlich zu messen und zu berücksichtigen. Zudem können genetische und individuelle Unterschiede die Reaktion auf Alkohol beeinflussen.

Trotz dieser Limitationen liefern Forschungsstudien wertvolle Erkenntnisse über die Auswirkungen von Alkoholkonsum auf die Gehirnentwicklung. Sie tragen dazu bei, das Bewusstsein für die Risiken von Alkoholkonsum zu schärfen und Präventionsstrategien zu entwickeln. Es ist wichtig, die Ergebnisse im Kontext der Methoden und Limitationen zu interpretieren und weitere Forschung voranzutreiben, um ein umfassenderes Verständnis der neurologischen Folgen von Alkoholkonsum zu erreichen.

Präventions- und Interventionsansätze spielen eine entscheidende Rolle bei der Aufklärung und Sensibilisierung über die Auswirkungen von Alkoholkonsum. Es ist von großer Bedeutung, das Bewusstsein für die potenziellen Risiken zu schärfen und Menschen jeden Alters über die Folgen von Alkoholkonsum auf die körperliche und geistige Gesundheit aufzuklären.

Eine der effektivsten Präventionsstrategien ist die frühzeitige Aufklärung über die Auswirkungen von Alkoholkonsum. Durch die Bereitstellung wissenschaftlich fundierter Informationen können Menschen, insbesondere Jugendliche, ein besseres Verständnis für die potenziellen Risiken entwickeln und informierte Entscheidungen treffen. Hierbei sollten die Auswirkungen von Alkohol auf die Gehirnentwicklung, kognitive Funktionen, soziale Interaktionen und das allgemeine Wohlbefinden hervorgehoben werden. Durch eine umfassende Aufklärung können junge Menschen besser in der Lage sein, peer- und gesellschaftlichen Druck zu widerstehen und sich gegen den Konsum von Alkohol zu entscheiden.

Ein weiterer wichtiger Ansatz besteht in der Sensibilisierung von Eltern, Lehrern und anderen wichtigen Bezugspersonen im Leben von Jugendlichen. Diese Personen spielen eine entscheidende Rolle bei der Prävention von Alkoholkonsum im Jugendalter. Durch Informationen über die Risiken und den Aufbau von Kommunikationsfähigkeiten können sie Jugendliche unterstützen, die Entscheidung für einen gesunden Lebensstil zu treffen und den Alkoholkonsum zu vermeiden.

Neben der Aufklärung sind Interventionen zur Förderung eines gesunden Lebensstils von großer Bedeutung. Frühzeitige Interventionen können Jugendlichen helfen, ihre Risikobereitschaft zu reduzieren und alternative Bewältigungsstrategien zu entwickeln. Diese Interventionen können verschiedene Ansätze umfassen, wie beispielsweise kognitive Verhaltenstherapie, Motivationsinterviews und Gruppenunterstützung. Individuell zugeschnittene Programme, die den spezifischen Bedürfnissen der Jugendlichen entsprechen, können besonders wirksam sein.

Darüber hinaus sollten präventive Maßnahmen auf gesellschaftlicher Ebene ergriffen werden. Dies beinhaltet die Regulierung des Alkoholverkaufs, die Implementierung von Altersbeschränkungen und die Durchführung von öffentlichen Kampagnen zur Sensibilisierung für die Auswirkungen von Alkoholkonsum. Durch die Schaffung einer gesunden Umgebung und die Förderung eines verantwortungsvollen Umgangs mit Alkohol können langfristige gesundheitliche Probleme reduziert werden.

Es ist wichtig anzumerken, dass Präventions- und Interventionsansätze kontinuierlich evaluiert und weiterentwickelt werden sollten. Die Studienlage zu den wirksamsten Methoden der Prävention und Intervention entwickelt sich ständig weiter. Es ist daher entscheidend, die Forschung voranzutreiben und bewährte Verfahren zu identifizieren, um das Bewusstsein zu schärfen und die negativen Auswirkungen von Alkoholkonsum zu minimieren.

Insgesamt sind Präventions- und Interventionsansätze entscheidend, um das Bewusstsein für die Auswirkungen von Alkoholkonsum zu schärfen und Menschen jeden Alters zu unterstützen, gesunde Entscheidungen zu treffen. Durch Aufklärung, Sensibilisierung und individuell angepasste Interventionen können wir dazu beitragen, die Risiken von Alkoholkonsum zu reduzieren und das allgemeine Wohlbefinden und die langfristige Gesundheit zu fördern.

Präventions- und Interventionsansätze spielen eine entscheidende Rolle bei der Früherkennung und Behandlung von Alkoholabhängigkeit. Die rechtzeitige Erkennung von Alkoholabhängigkeit ist von großer Bedeutung, um negative Auswirkungen auf die physische und psychische Gesundheit zu minimieren und das individuelle Wohlbefinden zu fördern.

Ein wichtiger Ansatz zur Früherkennung von Alkoholabhängigkeit ist die Durchführung von Screening-Verfahren. Hierbei kommen standardisierte Fragebögen und diagnostische Instrumente zum Einsatz, um den Alkoholkonsum und das Risiko einer Abhängigkeit zu bewerten. Diese Screening-Verfahren ermöglichen es Fachkräften, potenziell gefährdete Personen zu identifizieren und sie gegebenenfalls an spezialisierte Behandlungsangebote zu verweisen.

Die Behandlung von Alkoholabhängigkeit umfasst verschiedene Interventionen, die individuell angepasst werden sollten. Ein häufig angewandter Ansatz ist die kognitive Verhaltenstherapie (CBT), die darauf abzielt, negative Denkmuster und Verhaltensweisen zu identifizieren und zu modifizieren. Durch die Stärkung von Bewältigungsstrategien und die Förderung eines gesunden Lebensstils können Betroffene lernen, mit Stress und anderen Herausforderungen umzugehen, ohne auf Alkohol zurückzugreifen.

Medikamentöse Therapien werden ebenfalls eingesetzt, um den Entzugssymptomen zu begegnen und den Alkoholkonsum zu reduzieren. Medikamente wie Acamprosat, Naltrexon und Disulfiram können in Absprache mit medizinischen Fachkräften eingesetzt werden, um die Entwöhnungsphase zu unterstützen und Rückfälle zu verhindern.

Eine weitere wichtige Komponente bei der Behandlung von Alkoholabhängigkeit ist die Einbindung von Selbsthilfegruppen und unterstützenden Netzwerken. Gruppen wie die Anonymen Alkoholiker bieten Unterstützung und eine Gemeinschaft von Menschen, die ähnliche Erfahrungen gemacht haben. Diese Gruppen können dabei helfen, den Austausch von Erfahrungen und das Erlernen effektiver Bewältigungsstrategien zu fördern.

Es ist wichtig anzumerken, dass die Behandlung von Alkoholabhängigkeit oft einen multidisziplinären Ansatz erfordert, bei dem verschiedene Fachkräfte wie Ärzte, Psychologen, Sozialarbeiter und Berater zusammenarbeiten. Dies ermöglicht eine umfassende Betreuung, die die physischen, psychischen und sozialen Aspekte der Abhängigkeit berücksichtigt.

Die Prävention und Behandlung von Alkoholabhängigkeit stellt eine komplexe Herausforderung dar, da individuelle Unterschiede und zugrunde liegende Faktoren berücksichtigt werden müssen. Es ist wichtig, die

Bedürfnisse und Motivationen der betroffenen Personen zu berücksichtigen und individuelle Behandlungspläne zu entwickeln.

Insgesamt tragen Präventions- und Interventionsansätze zur Früherkennung und Behandlung von Alkoholabhängigkeit bei. Durch die Implementierung von Screening-Verfahren, die Anwendung evidenzbasierter Therapieansätze und die Einbindung von Selbsthilfegruppen können wir Menschen dabei unterstützen, ihre Abhängigkeit zu erkennen, Hilfe zu suchen und einen Weg zu einem gesunden und erfüllten Leben ohne Alkoholabhängigkeit einzuschlagen.

Präventions- und Interventionsansätze zur Bekämpfung des Alkoholmissbrauchs umfassen auch politische Maßnahmen und Regulierungen, die darauf abzielen, den Konsum einzudämmen und die damit verbundenen gesundheitlichen und sozialen Folgen zu minimieren. Die politische Ebene spielt eine entscheidende Rolle bei der Gestaltung von Rahmenbedingungen und der Schaffung einer gesunden Umgebung, die den verantwortungsvollen Alkoholkonsum fördert.

Eine der wirksamsten politischen Maßnahmen ist die Regulierung des Alkoholverkaufs und der Verfügbarkeit. Dies umfasst die Festlegung von Altersbeschränkungen für den Kauf von Alkohol und die Begrenzung von Verkaufszeiten und -orten.

Durch diese Maßnahmen wird der Zugang zu Alkohol eingeschränkt und insbesondere der Konsum bei Minderjährigen reduziert.

Eine weitere wichtige politische Intervention besteht in der Besteuerung von Alkoholprodukten. Höhere Steuersätze können den Preis von Alkohol erhöhen und somit den Konsum dämpfen. Dies kann insbesondere bei Jugendlichen und Personen mit niedrigem Einkommen einen abschreckenden Effekt haben. Darüber hinaus können politische Maßnahmen darauf abzielen, die Werbung und Vermarktung von Alkohol einzuschränken. Durch die Begrenzung von Werbekampagnen, insbesondere solchen, die sich an Jugendliche richten, kann der Einfluss der Alkoholindustrie auf das Konsumverhalten reduziert werden. Auch die Kennzeichnung von Alkoholprodukten mit klaren Warnhinweisen und Informationen zu den gesundheitlichen Risiken kann eine wichtige Rolle spielen.

Die Implementierung von verkehrssicherheitsbezogenen Maßnahmen ist ebenfalls von großer Bedeutung. Alkohol am Steuer stellt eine erhebliche Gefahr dar und kann zu schweren Verkehrsunfällen führen. Durch die Einführung von Alkoholtests und harten Strafen für Alkohol am Steuer können Regierungen den Verkehrsschutz erhöhen und das Bewusstsein für die Gefahren des Fahrens unter Alkoholeinfluss schärfen.

Es ist wichtig anzumerken, dass politische Maßnahmen und Regulierungen kontinuierlich evaluiert und angepasst werden sollten, um ihre Wirksamkeit zu maximieren. Die Zusammenarbeit zwischen Regierungen, Gesundheitseinrichtungen, Forschern und der Zivilgesellschaft ist entscheidend, um evidenzbasierte Politikempfehlungen zu entwickeln und umzusetzen.

Die Wirksamkeit politischer Maßnahmen und Regulierungen im Bereich der Alkoholprävention und -intervention wurde in verschiedenen Studien nachgewiesen. Beispielsweise haben Länder, die restriktive Maßnahmen zur Regulierung des Alkoholkonsums umgesetzt haben, eine Verringerung des Alkoholkonsums und der alkoholbedingten Schäden festgestellt.

Insgesamt spielen politische Maßnahmen und Regulierungen eine entscheidende Rolle bei der Prävention und Intervention im Zusammenhang mit Alkoholkonsum. Durch die Schaffung einer gesunden Umgebung, die den verantwortungsvollen Konsum fördert, können Regierungen dazu beitragen, die negativen Auswirkungen von Alkoholmissbrauch auf die Gesundheit und das Wohlbefinden der Bevölkerung zu minimieren. Es ist wichtig, diese Maßnahmen kontinuierlich zu überwachen, zu bewerten und zu verbessern, um eine wirksame Prävention und Intervention zu gewährleisten.

Kulturelle Identität in einer Globalisierten Welt

Entwicklung der Globalisierung und ihre Auswirkungen: Ein vertiefender historischer Überblick

Einleitung

Die Erforschung der Globalisierung ist keinesfalls eine Betrachtung moderner Phänomene, sondern zieht Fäden durch Jahrtausende menschlicher Zivilisation. Indem wir ihre Entwicklung und ihre vielschichtigen Auswirkungen analysieren, gewinnen wir einen kritischen Einblick in die Struktur und Dynamik unserer heutigen Welt.

Die Seidenstraße erstreckte sich über Tausende von Kilometern und verband das antike China mit den westlichen Randgebieten des Mittelmeerraums. Dieses Netzwerk, eher ein verzweigtes Geflecht von Handelswegen als eine festgelegte Straße, war entscheidend für die wirtschaftliche und kulturelle Interaktion zwischen dem Osten und dem Westen.

Während der Name Seidenstraße hauptsächlich durch den Handel mit Seide, einem begehrten und kostbaren Gut aus China, geprägt wurde, reichte die Palette der gehandelten Waren weit darüber hinaus. Edelsteine aus Indien, Gewürze aus Südostasien, Weihrauch aus Arabien und Pferde aus den zentralasiatischen Steppen waren nur einige der zahlreichen Güter, die entlang dieser Route den Besitzer wechselten. Metalle, insbesondere Gold, Silber und Kupfer, sowie Nahrungsmittel und Textilien unterschiedlichster Art fügten sich in das lebhafte Mosaik des grenzüberschreitenden Handels ein. Aber die Seidenstraße war nicht nur ein Medium für den Handel mit physischen Gütern. Sie war auch eine wichtige Achse für den Austausch von Ideen, Kulturen, Religionen und Technologien. Der Buddhismus, ursprünglich in Indien entstanden, durchquerte diese Route und fand so seinen Weg nach China, wo er sich als eine der dominierenden Glaubensrichtungen etablierte. Zoroastrismus, Manichäismus und später der Islam verbreiteten ihre Lehren und beeinflussten Gebiete, die weit über ihre Ursprungsregionen hinausgingen. Während dieser kulturelle und religiöse Austausch stattfand, geschah parallel dazu auch ein intensiver Technologietransfer. Ein markantes Beispiel hierfür ist die Verbreitung der Papiertechnologie. Ursprünglich in China entwickelt, revolutionierte diese Technik die Art und Weise, wie Wissen im westlichen Raum konserviert und verbreitet wurde. Darüber hinaus wurden innovative Methoden in Bereichen wie Bewässerung, Architektur und Medizin entlang der Seidenstraße geteilt und adaptiert.

Karawanenführer, Händler, Gelehrte und Übersetzer waren die unsungene Helden dieses epischen Austauschs. Ohne sie wäre der kulturelle und materielle Transfer, der entlang der Seidenstraße stattfand, nicht möglich gewesen. Ihre Fähigkeiten, kulturelle und sprachliche Barrieren zu überwinden, ebneten den Weg für eine bisher ungekannte Ebene des interkulturellen Dialogs. Jede Stadt, jeder Handelsposten und jede Oase entlang der Seidenstraße wurde zu einem Schmelztiegel verschiedener Kulturen, in dem Ideen, Technologien und kulturelle Praktiken kollidierten, interagierten und sich neu formierten. Diese Komplexität der Interaktion entlang der Seidenstraße war auch von einer fortwährenden Dynamik der politischen und wirtschaftlichen Machtverhältnisse geprägt. Während einflussreiche Reiche wie das Han-Reich in China oder das Sassaniden-Reich im heutigen Iran entstanden und fielen, veränderte sich auch der Charakter der Seidenstraße, wobei bestimmte Städte und Regionen zu unterschiedlichen Zeiten als wichtige Knotenpunkte des Handels und Austauschs hervortraten.

Es ist auch wichtig zu betonen, dass der Austausch auf der Seidenstraße nicht immer friedlich verlief. Die großen Entfernungen, kombiniert mit den enormen Reichtümern, die entlang dieser Route bewegt wurden, zogen oft Krieger und Plünderer an. Dies führte zur Entstehung von Schutzgebieten und Karawanen-Serais – befestigten Raststätten, in denen Händler und Reisende Schutz suchen konnten.

Die sprachliche Vielfalt entlang der Seidenstraße war beeindruckend, und die Notwendigkeit der Kommunikation förderte den Beruf des Übersetzers. Diese Übersetzer waren oft nicht nur Sprachmittler, sondern auch Kulturvermittler, die dabei halfen, feinste Nuancen und Bedeutungen zwischen den interagierenden Parteien zu übertragen.

Zusammengefasst war die Seidenstraße weit mehr als ein einfacher Handelsweg. Sie war ein prägendes Netzwerk, das über Jahrhunderte hinweg Zivilisationen miteinander verknüpfte und den Austausch von allem, von konkreten Gütern bis hin zu abstrakten Ideen, ermöglichte. Sie bildet ein frühes Kapitel in der Geschichte der Globalisierung und steht als Symbol für das menschliche Streben nach Verbindung und Verständigung über geografische und kulturelle Grenzen hinweg.

Im Kontext der vorindustriellen Globalisierung prägten zwei zentrale Bewegungen das mittelalterliche Eurasien:

die Ausbreitung des Islams und die Expansion des Mongolischen Reiches. Beide Phänomene hinterließen nicht nur ihre Spuren auf der politischen Landkarte, sondern formten auch kulturelle, wirtschaftliche und wissenschaftliche Netzwerke, die weit über ihre Ursprungsregionen hinausgingen.

Beginnen wir mit der Ausbreitung des Islams: Im 7. Jahrhundert n. Chr., nur wenige Jahrzehnte nach dem Tod des Propheten Mohammeds, erlebte die islamische Zivilisation eine beispiellose Expansion. Beginnend von der Arabischen Halbinsel, erstreckte sich ihre Reichweite rasch über Nordafrika, drang in das Herz der Iberischen Halbinsel ein und erreichte schließlich auch den indischen Subkontinent. Diese bemerkenswerte Ausbreitung war nicht nur militärisch, sondern auch kulturell und intellektuell.

Mit dem Vormarsch des Islams entwickelten sich Städte wie Cordoba, Kairo, Bagdad und Samarkand zu blühenden Zentren von Wissenschaft, Kunst und Kultur. Diese Metropolen förderten den Handel und den intellektuellen Austausch und bildeten Schnittstellen zwischen verschiedenen Zivilisationen – von der griechischen und römischen Antike bis hin zu den fortschrittlichen Zivilisationen Indiens und Chinas.

Parallel dazu markiert das 13. Jahrhundert den Aufstieg der Mongolen unter der Führung von Dschingis Khan und seinen Nachfolgern. Innerhalb weniger Jahrzehnte eroberten die Mongolen ein Territorium, das von China im Osten bis nach Osteuropa im Westen reichte. Trotz ihrer oft brutalen Eroberungsmethoden hinterließen die Mongolen ein Erbe der Vernetzung. Die sogenannte Pax Mongolica, die mongolische Friedenszeit, schuf eine Periode relativer Sicherheit und Stabilität über die riesigen Steppen und

Wüsten Asiens. Diese Stabilität förderte den Handel, insbesondere entlang der Seidenstraße, und erleichterte den kulturellen und wissenschaftlichen Austausch.

Dieses Phänomen, kombiniert mit der islamischen Expansion, schuf ein eurasisches Netzwerk, in dem Waren, Ideen, Religionen und Technologien über erhebliche Entfernungen hinweg zirkulierten. Beispiele für diesen Austausch sind die Übernahme des Manichäismus und des Nestorianismus durch verschiedene mongolische Stämme, die Einführung von Papiergeld in Europa nach mongolischem Vorbild oder die Verbreitung mathematischer, astronomischer und medizinischer Erkenntnisse durch islamische Gelehrte.

Zusammengefasst markiert das Mittelalter, geprägt von islamischer und mongolischer Expansion, eine Periode intensiver Vernetzung und Globalisierung in der vorindustriellen Welt. Es formte sich ein dichtes Geflecht kultureller, wie die Dampfmaschine, großangelegter Infrastrukturprojekte und Kommunikationsinnovationen, die das Rückgrat dieser expansiven Ära waren.

Beginnen wir mit der Dampfmaschine, einem Symbol des industriellen Aufstiegs. Ursprünglich in Fabriken eingesetzt, wurde sie bald in die Mobilität adaptiert – sowohl auf Schienen als auch auf dem Wasser. Die Einführung von dampfbetriebenen Zügen und Schiffen revolutionierte den Transport von Waren, Menschen und Ideen. Wo einst Wochen oder gar Monate für Überseereisen oder den Transport von Gütern über den Kontinent erforderlich waren, konnte dies nun in Tagen oder Wochen geschehen. Dies ermöglichte nicht nur den intensiven Handel zwischen Kontinenten, sondern förderte auch den kulturellen und ideellen Austausch auf beispiellose Weise. Gleichzeitig manifestierte sich der technologische Ehrgeiz des 19.

Jahrhunderts in monumentalen Infrastrukturprojekten, von denen der Bau des Suezkanals eines der markantesten ist. Fertiggestellt im Jahr 1869, verkürzte dieser Kanal die Schiffsreise zwischen Europa und Asien beträchtlich, indem er den langen und gefährlichen Weg um das Kap der Guten Hoffnung überflüssig machte. Durch die Erschließung dieser kürzeren Route wurde der Handel zwischen Europa und den asiatischen Märkten beschleunigt und intensiviert, wodurch die europäischen Kolonialmächte ihren Einfluss und ihre Kontrolle über die asiatischen Territorien weiter ausdehnen konnten. Ergänzend zu den physischen Transportnetzwerken kam ein weiterer technologischer Durchbruch, der die Grenzen der Kommunikation neu definierte – das Telegraphennetz. Erstmals war es möglich, Nachrichten in nahezu Echtzeit über Kontinente hinweg zu senden. Dies revolutionierte nicht nur die Art und Weise, wie Geschäfte abgewickelt und diplomatische Beziehungen geführt wurden, sondern ermöglichte auch eine engere Verflechtung von globalen Nachrichten und Informationen.

Die genannten Technologien und Projekte des 19. Jahrhunderts, in Kombination mit den politischen und wirtschaftlichen Ambitionen der europäischen Mächte, führten zu einer tiefgreifenden und komplexen Phase der Globalisierung. Während sie zweifellos Möglichkeiten für den Austausch und die Annäherung zwischen verschiedenen Kulturen und Gesellschaften boten, brachten sie auch Machtdynamiken, Dominanz und oft Ungleichheit mit sich. Es ist ein Zeitalter, das sowohl von der triumphalen Errungenschaft menschlichen Einfallsreichtums als auch von den ethischen und moralischen Herausforderungen des Imperialismus geprägt ist.

Das 19. Jahrhundert war geprägt von einer bemerkenswerten politischen Dynamik, insbesondere in Bezug auf den Imperialismus und die daraus resultierenden globalen Verflechtungen. Das Streben nach Macht, Einfluss und Ressourcen durch die europäischen Großmächte setzte ein komplexes Schachspiel von geopolitischen Manövern in Gang, das den gesamten Globus umspannte.

In einem klimatischen Zeitalter des Nationalismus und des industriellen Fortschritts entwickelten die europäischen Großmächte – insbesondere Großbritannien, Frankreich, Deutschland, Russland und in geringerem Maße Länder wie Belgien, Portugal und Spanien – einen unersättlichen Appetit auf Territorialerweiterung und Ressourcensicherung. Getrieben sowohl von ökonomischen als auch strategischen Motiven, suchten diese Mächte nach neuen Gebieten, die sowohl für ihre Rohstoffe als auch für ihre strategische Position im globalen Machtgefüge geschätzt wurden.

Dieses imperialistische Streben kulminierte im sogenannten Wettlauf um Afrika, bei dem die europäischen Mächte den Kontinent in nur wenigen Jahrzehnten nahezu vollständig aufteilten. Aber auch in Asien, Ozeanien und der Pazifikregion wurden durch politische und militärische Manöver Gebiete annektiert, Protektorate eingerichtet oder durch Verträge erzwungene Einflusszonen geschaffen.

Während dieses Prozesses wurden Handelsrouten und Verkehrswege geschaffen oder intensiviert, die Europa mit seinen Kolonien verbanden. Die Extraktion von Ressourcen – ob es sich nun um Edelmetalle, Edelsteine, Kautschuk oder zahlreiche andere begehrte Materialien handelte – wurde zu einer zentralen wirtschaftlichen Aktivität. Diese Ressourcen wurden nicht nur zur Unterstützung der wachsenden industriellen Wirtschaften in Europa benötigt, sondern stärkten auch deren geopolitische Macht.

Doch diese Phase der Globalisierung kam nicht ohne erhebliche Kosten. Die expansiven Ambitionen Europas überschatteten oft die Rechte und das Wohl der einheimischen Bevölkerungen in den kolonisierten Gebieten. Unterdrückung, kulturelle Assimilation, wirtschaftliche Ausbeutung und in vielen Fällen direkte Gewalt wurden zu den Instrumenten der imperialen Kontrolle. Zudem entstand durch die Interaktion zwischen Kolonisatoren und Kolonisierten eine komplexe kulturelle Dynamik, in der Widerstand, Anpassung und Hybridität zu zentralen Themen wurden.

Zusammenfassend kann man sagen, dass die politischen Dynamiken des 19. Jahrhunderts, geprägt durch den Imperialismus der europäischen Großmächte, sowohl die Struktur als auch die Natur der globalen Vernetzung entscheidend beeinflussten. Während sie einerseits Handel, Austausch und kulturelle Vermischung förderten, war dieser Prozess andererseits tiefgreifend von Machtstrukturen, Dominanz und Ausbeutung durchzogen.

Das 20. Jahrhundert war Zeuge unvergleichlicher Veränderungen und Umbrüche, die das Gesicht der globalen Gemeinschaft nachhaltig veränderten. Im Herzen dieser Transformationen steht das unmittelbare Nachkriegszeitalter, in dem die Welt, erschöpft von den verheerenden Auswirkungen des Zweiten Weltkriegs, danach trachtete, eine neue internationale Ordnung zu schaffen.

Diese Bemühungen spiegeln sich am eindrücklichsten in der Gründung von Organisationen wie den Vereinten Nationen (VN) und dem Internationalen Währungsfonds (IWF) wider.

Die Gründung der Vereinten Nationen im Jahr 1945 repräsentierte den kollektiven Willen der internationalen Gemeinschaft, einen Mechanismus zu schaffen, der den Frieden sichern und einen weiteren weltweiten Konflikt verhindern sollte. Im Angesicht der verheerenden menschlichen und materiellen Kosten des Krieges suchte die Welt nach Mitteln, um den Dialog zwischen den Nationen zu fördern, das Völkerrecht zu stärken und die Grundrechte des Einzelnen zu schützen. Die VN, mit ihrer breiten Palette von Sonderorganisationen und Programmen, entwickelte sich zu einer zentralen Plattform für diplomatische Interaktion, Konfliktvermittlung und gemeinsame Bemühungen zur Bewältigung globaler Herausforderungen, sei es in Bezug auf Entwicklung, Gesundheit, Bildung oder Umweltschutz.

Parallel dazu erkannten die Weltführer die Notwendigkeit, die globale Wirtschaftslandschaft zu stabilisieren und eine erneute Wirtschaftsdepression zu verhindern. In diesem Kontext wurde 1944 in Bretton Woods, New Hampshire, USA, eine Konferenz einberufen, die zur Gründung des Internationalen Währungsfonds und der Weltbank führte. Der IWF wurde ins Leben gerufen, um die Stabilität des internationalen Währungssystems zu gewährleisten, makroökonomische Stabilität zu fördern und Ländern in finanziellen Schwierigkeiten zu helfen. Der IWF spielte (und spielt weiterhin) eine zentrale Rolle bei der Überwachung der globalen Wirtschaft, der Bereitstellung von Finanzhilfen und der Beratung seiner Mitgliedstaaten in Wirtschaftsfragen.

Die Gründung dieser Organisationen markiert nicht nur den Beginn einer neuen Phase der internationalen Zusammenarbeit, sondern auch einen Wendepunkt in der

Anerkennung der Tatsache, dass viele der drängendsten Herausforderungen des 20. Jahrhunderts – sei es Frieden, Sicherheit oder wirtschaftliche Entwicklung – nicht isoliert, sondern nur durch kollektives Handeln angegangen werden können. Sie symbolisieren einen evolutionären Schritt in der globalen Diplomatie und der Anerkennung der Notwendigkeit, über nationale Grenzen hinweg zu arbeiten, um das Gemeinwohl zu fördern. Das Ausmaß ihrer Auswirkungen und ihr bleibender Einfluss auf die globale Bühne macht sie zu zentralen Säulen der akzelerierten Globalisierung des 20. Jahrhunderts.

Die zweite Hälfte des 20. Jahrhunderts markierte das Aufkommen einer technologischen Revolution, deren Auswirkungen weitreichend und tiefgreifend waren und die globale Landschaft in einer Weise umgestalteten, die zuvor kaum vorstellbar gewesen wäre. Dieser epochale Wandel wurde durch den rasanten Fortschritt in den Bereichen Digitalisierung und Kommunikationstechnologie vorangetrieben, mit dem Internet und der Mobilitätstechnologie als seinen markantesten Eckpfeilern.

Bereits in den 1960er Jahren zeichnete sich mit der Entwicklung erster Computernetzwerke eine neue Ära der Informationsverarbeitung und -übertragung ab. Doch das eigentliche Potential dieser Technologie wurde erst mit der Einführung des Internets in den 1980er und 1990er Jahren vollends ersichtlich. Das World Wide Web, als integraler Bestandteil des Internets, ermöglichte die nahtlose Integration von Daten und multimedialem Content und wurde somit zu einem unverzichtbaren Instrument für Informationsaustausch, Bildung, Handel und soziale Interaktion.

Parallel dazu begann die Mobilitätstechnologie, insbesondere mit der Entwicklung des Mobiltelefons, ihren unaufhaltsamen Aufstieg. Mobiltelefone verwandelten sich von einem schlichten Kommunikationsmittel zu multifunktionalen Geräten, die mit dem Internet verbunden waren und eine Palette von Anwendungen unterstützten. Dies erlaubte Individuen nicht nur den Zugriff auf Informationen aus der ganzen Welt von praktisch überall aus,

sondern ermöglichte auch die nahezu sofortige Kommunikation über geografische und kulturelle Grenzen hinweg.

Diese Entwicklungen vertieften die globalen Verbindungen in einer Art und Weise, die den Begriff der Globalisierung neu definierte. Wenn die industrielle Revolution das 19. Jahrhundert prägte, dann war es sicherlich die digitale Revolution, die das späte 20. Jahrhundert dominierte. Geschäftsmodelle, Bildungssysteme, politische Prozesse und soziale Strukturen wurden durch die Möglichkeiten der Digitalisierung und Kommunikation umgestaltet. Nicht nur, dass Waren und Dienstleistungen global gehandelt wurden; Ideen, Kulturen und Informationen flossen nun mit einer Geschwindigkeit und in einem Ausmaß, das ohne diese technologischen Fortschritte unerreichbar gewesen wäre.

Allerdings brachte diese Ära der hypervernetzten Welt auch neue Herausforderungen mit sich. Fragen nach Datenschutz, Cyber-Sicherheit und digitaler Souveränität wurden zentral. Ebenso entstanden Debatten über den digitalen Graben zwischen technologisch fortgeschrittenen Ländern und jenen, die den Anschluss zu verpassen drohten.

Abschließend lässt sich sagen, dass die Digitalisierung und Kommunikationstechnologie des späten 20. Jahrhunderts nicht nur die Art und Weise, wie Menschen interagieren und Geschäfte betreiben, revolutionierte, sondern auch die tief verwurzelten Vorstellungen von Raum, Zeit und Gemeinschaft herausforderte und neu formulierte. In einer Welt, in der Informationen in Sekundenbruchteilen um den Globus gesendet werden können, wurde die Vision einer wahrhaft globalen Gemeinschaft immer greifbarer.

Die phänomenologische Betrachtung der Globalisierung offenbart, dass ihre wirtschaftlichen Implikationen sowohl profund als auch paradox sind. Im Angesicht dieser omnipräsenten Globalisierung sind wir Zeugen einer tiefgreifenden Transformation der Weltwirtschaft und ihrer Strukturen und Mechanismen geworden. Eine zentrale Rolle in dieser Wandlung spielt die Emergenz multinationaler Konzerne und die Konvergenz von bisher separaten Märkten. Multinationale Unternehmen, als entscheidende Akteure dieses Zeitalters, symbolisieren die Verschmelzung von lokalen Geschäftspraktiken mit globalen Ambitionen. Ihr Einfluss erstreckt sich über Kontinente, wobei sie Ressourcen extrahieren, Produktionsoptimierung betreiben und transkontinentale Lieferketten etablieren. Diese Unternehmen sind nicht mehr bloß an ihren Heimatstandort gebunden, sondern verlagern ihre Operationen dahin, wo sie die günstigsten Bedingungen – sei es in Bezug auf Arbeitskraft, Ressourcen oder Gesetzgebung – vorfinden.

Parallel dazu hat die Konvergenz von Märkten zu einer Art homogenisierter Geschäftslandschaft geführt, in der Produkte und Dienstleistungen universell und interdependenzbasiert sind. Die Konsequenz? Ein Apfel, konsumiert in Berlin, kann ebenso in Neuseeland kultiviert, in China verpackt und über ein niederländisches Vertriebssystem geliefert worden sein.

Diese neue wirtschaftliche Dynamik fördert eine beispiellose Effizienz in Produktion, Handel und Finanzsystemen.

Dabei ermöglichen technologische Fortschritte und die Liberalisierung der Finanzmärkte einen rasanten Kapitalfluss, der Investitionen über Grenzen hinweg begünstigt und neue ökonomische Chancen in bis dato marginalisierten Regionen eröffnet.

Jedoch ist dieser Fortschritt nicht ohne seine Schattenseiten. Während immense Wohlstandsgewinne in einigen Regionen und für einige Akteure generiert werden, führt das gleiche System auch zu verstärkten wirtschaftlichen Disparitäten. Einige Regionen und Bevölkerungsgruppen profitieren unverhältnismäßig von den Früchten der Globalisierung, während andere zurückgelassen werden, oft marginalisiert und ohne die Mittel oder das Wissen, um von den neuen Chancen zu profitieren.

Die Kehrseite der Medaille zeigt also eine polarisierte Welt, in der wirtschaftlicher Fortschritt und Verarmung, Opportunität und Ausbeutung, nebeneinander existieren. Es wird zunehmend deutlich, dass die Komplexität der Globalisierung und ihrer wirtschaftlichen Verschiebungen eine multidimensionale Betrachtungsweise erfordert, die sowohl die Vorteile als auch die inhärenten Herausforderungen berücksichtigt. Die Frage nach Gerechtigkeit, Ethik und Nachhaltigkeit in diesem Kontext ist nicht nur eine philosophische, sondern auch eine dringende praktische Herausforderung, der sich die internationale Gemeinschaft im 21. Jahrhundert stellen muss.

In der Sphäre der Kultur manifestiert sich die Globalisierung als ein Amalgam aus Paradoxien: Sie fungiert simultan als Verstärker kultureller Vielfalt und als potenzieller Eraser individueller Identitäten. Die kulturellen Echos der Globalisierung sind ebenso reichhaltig wie komplex und bieten sowohl Synergien als auch Spannungsfelder.

Inmitten dieses kosmopolitischen Zeitalters erleben wir eine beispiellose osmotische Durchdringung kultureller Grenzen. Dies manifestiert sich eindrücklich in Kunst, Musik und Literatur, wobei traditionelle Genres und Stile verschmelzen, um neue, hybride Formen hervorzubringen. Jazz, beispielsweise, einst als unverkennbar amerikanisches Genre konzipiert, absorbiert Rhythmen aus Afrika, Melodien aus Asien und Sensibilitäten aus Europa, was zu einer polyphonen Klanglandschaft führt, die gleichzeitig vertraut und fremd ist.

Literatur wiederum wird in diesem Zeitalter nicht nur über Grenzen hinweg konsumiert, sondern auch kollaborativ geschrieben. Autoren verschiedener Herkünfte arbeiten zusammen, um Geschichten zu verweben, die transnationale Erfahrungen reflektieren und gemeinsame menschliche Bedingungen in einer zunehmend vernetzten Welt beleuchten. Die kulturelle Vermischung, so faszinierend sie auch ist, geht jedoch nicht ohne ihre Dissonanzen vonstatten. Während die Verschmelzung von Kunstformen und Ideen zu einer reichen Tapestry des kulturellen Ausdrucks führt, empfinden viele Individuen und Gemeinschaften den Schatten des Verlusts kultureller Authentizität. Es entsteht eine Ambivalenz, eine Spannung zwischen dem Wunsch, universell verstanden zu werden, und der Sehnsucht, die Einzigartigkeit und Integrität der eigenen kulturellen Erzählung zu bewahren.

Die Kommerzialisierung kultureller Artefakte, von traditioneller Musik bis zu religiösen Symbolen, in der globalen Marktwirtschaft kann weiterhin zu der Wahrnehmung führen, dass kulturelle Identitäten verkauft oder verdünnt werden, um den Vorlieben einer globalen Konsumentenbasis zu entsprechen. Diese Prozesse können das Gefühl der

Entfremdung vergrößern und zu einem Widerstand gegen die scheinbare Homogenisierung der Kultur führen

Die epochalen Veränderungen, die das Zeitalter der Globalisierung mit sich brachte, veranlassten eine Neuordnung der politischen Landschaft, die sowohl durch die Permeabilität nationaler Grenzen als auch durch eine Renaissance territorialer Identitäten geprägt wurde. Die daraus resultierenden Dynamiken und Spannungsfelder manifestierten sich auf verschiedenen Ebenen des politischen Spektrums und forderten die traditionellen Vorstellungen von Souveränität und Staatlichkeit heraus.

Eines der markantesten Merkmale dieser Ära ist die erhöhte Durchlässigkeit nationaler Grenzen für Ideen, Kulturen und Menschen. Informations- und Kommunikationstechnologien ermöglichten einen nahezu instantanen Austausch von Ideen und Wissen über traditionelle territoriale Grenzen hinweg. Dies führte zu einer Art Global Public Square, in dem Meinungen und Ansichten von Individuen aus unterschiedlichen Kulturen und politischen Systemen in Interaktion traten und kollektive Bewegungen wie die Arabellion oder die globalen Klimaproteste formten.

Parallel dazu erlebten wir jedoch auch die vermehrte Migration von Menschen, sei es auf der Suche nach wirtschaftlichen Möglichkeiten, wegen politischer Verfolgung oder aufgrund klimatischer Veränderungen. Diese massiven Migrationsbewegungen konfrontierten viele Länder mit komplexen Integrationsherausforderungen und stellten die Frage nach der Identität, Zugehörigkeit und den Grundlagen nationaler Gemeinschaften.

In diesem Kontext erwuchs in einigen Teilen der Welt ein erneuertes Gefühl des Nationalismus, oft in Reaktion auf wahrgenommene oder tatsächliche Bedrohungen der kulturellen oder wirtschaftlichen Homogenität. Dieser Nationalismus drückte sich in vielfältigen Formen aus, von der Wiederbelebung ethnozentrischer Bewegungen bis hin zu politischen Plattformen, die Souveränität und territoriale Integrität betonten. Als Reaktion darauf erlebten wir ebenfalls den Aufstieg protektionistischer Politik, die oft als Gegenreaktion auf die negativen Auswirkungen der globalen wirtschaftlichen Integration gesehen wurde. Solche Politiken spiegelten den Wunsch wider, lokale Wirtschaften und Arbeitsplätze vor der volatilen Dynamik der globalisierten Märkte zu schützen.

Diese politische Rekonfiguration stellt sowohl für demokratische als auch für autoritäre Regime eine Herausforderung dar. Sie erfordert ein neues Verständnis von Identität, Zugehörigkeit und der Rolle des Staates in einer immer stärker vernetzten Welt. Inmitten dieser verworrenen Verflechtungen müssen Politik und Gesellschaft ein Gleichgewicht zwischen Offenheit und Sicherheit, zwischen Integration und Autonomie finden, um das Versprechen der Globalisierung zu erfüllen und ihre potenziellen Spaltungen zu überbrücken.

In der zeitgenössischen Ära wurde die Beziehung zwischen Umwelt und Globalisierung zu einem entscheidenden Dialog, der sowohl wissenschaftliche als auch politische Diskurse prägt. Im

Kern dieser Diskussion steht die unbestreitbare Tatsache, dass die Globalisierung, gekennzeichnet durch eine unerbittliche und beschleunigte Industrialisierung, einen rapiden Ressourcenverbrauch verursacht hat, der tiefgreifende ökologische Folgen mit sich bringt.

Beginnen wir mit der Industrialisierung, die im Laufe des 20. Jahrhunderts exponentiell anstieg, vor allem angetrieben durch globalisierte wirtschaftliche Bestrebungen. Diese Bewegung wurde hauptsächlich von fossilen Brennstoffen getragen, wobei Kohle, Öl und Gas dominierende Energielieferanten wurden. Dieser massive Energiehunger und die daraus resultierenden Emissionen führten zu einem beträchtlichen Anstieg von Treibhausgasen in unserer Atmosphäre, was das fragile Gleichgewicht unseres Klimas störte. Die Ergebnisse sind evident: eine drastische Erhöhung extremer Wetterereignisse, der Anstieg des Meeresspiegels und alarmierende Veränderungen in unseren Polarregionen.

Gleichzeitig erforderte die explosive Wirtschaftsentwicklung, die durch die Globalisierung gefördert wurde, einen unersättlichen Zugriff auf natürliche Ressourcen. Ob in den Minen Afrikas, den Tiefen der Ozeane oder den Regenwäldern Südamerikas, der Mensch extrahierte gnadenlos, was ihm nützte. Diese Aktionen haben nicht nur Ressourcen erschöpft, sondern auch zu einem beispiellosen Biodiversitätsverlust geführt. Ganze Ökosysteme sind in Gefahr, und die Liste der vom Aussterben bedrohten Arten wächst stetig.

Ein zusätzlicher, oft übersehener Aspekt ist die Tendenz entwickelter Nationen, umweltbelastende Produktionen in Entwicklungsländer zu verlagern. Ein Phänomen, das nicht nur die ökologischen Belastungen verschiebt, sondern auch häufig soziale Ungerechtigkeiten und Ungleichheiten verstärkt.

In den tiefsten Tiefen prähistorischer Zeiten, als die Menschheit noch auf den ersten flüchtigen Schritten ihrer evolutiven Reise war, wurden die rudimentären Grundlagen unserer kulturellen Identität in den dunklen Nischen von Höhlen und auf den rauen Oberflächen von Felswänden verewigt. Diese ersten kulturellen Manifestationen - von Höhlenmalereien bis hin zu schamanischen Ritualen - sind nicht nur stumme Zeugen vergangener Zeiten, sondern auch Katalysatoren, die den dynamischen Diskurs der Identitätskonstruktion in Gang setzen. Die Verbindung zwischen Überlebenskampf und Ehrfurcht vor der Natur war von zentraler Bedeutung. Jedes Bild, das in die Wand einer Höhle geritzt wurde, jede rituelle Handlung, die unter dem Sternenhimmel durchgeführt wurde, war nicht nur eine passive Darstellung, sondern ein aktiver Dialog mit der Natur. Sie verkörperten ein kollektives Bewusstsein, das von einer ehrfürchtigen Anerkennung der unerbittlichen Kräfte der Natur und ihrer Rolle im menschlichen Schicksal durchdrungen war. Als die ersten Zivilisationen ihre zarten Wurzeln in den fruchtbaren Böden Mesopotamiens, des Indus-Tals und Ägyptens schlugen, fand eine bemerkenswerte Transformation statt. Das Aufkommen von Siedlungen und städtischen Zentren führte zu einer Verschiebung in der Identitätsskala. Menschen definierten sich nun nicht mehr nur durch ihre Interaktion mit der Natur, sondern auch durch ihre Position innerhalb komplexer sozialer und politischer Strukturen.

In diesen aufstrebenden Gesellschaften wurde die Identität zunehmend mit urbanen Zentren, heiligen Gottheiten und monarchischen Figuren assoziiert. Tempel, die in Mesopotamien und im Indus-Tal aufragten, waren nicht nur Stätten religiöser Anbetung, sondern auch Katalysatoren für soziale Kohäsion. Ägyptens monumentale Pyramiden und Sphinxen spiegelten nicht nur die Grandiosität der Pharaonen wider, sondern auch die kollektive Psyche eines Volkes, das in der Auseinandersetzung mit den Mysterien von Leben und Tod verwurzelt war.

Die Einführung der Schrift, besonders in Mesopotamien mit der Keilschrift und in Ägypten mit Hieroglyphen, revolutionierte die Art und Weise, wie Identität konstruiert und kommuniziert wurde. Diese Schriftsysteme ermöglichten es den Zivilisationen nicht nur, ihre Geschichten und Errungenschaften festzuhalten, sondern auch, ihren kulturellen Einfluss über Grenzen und Generationen hinweg auszudehnen.

Letztlich war die kulturelle Identität der Antike ein komplexes Geflecht aus mythischen Erzählungen, rituellen Praktiken, künstlerischen Ausdrucksformen und sozialpolitischen Strukturen. Es war eine Zeit des Wandels, der Entdeckung und der tiefgreifenden Reflexion über den Platz des Menschen im Kosmos

Klassische Zivilisationen

In den geistigen Gefilden der klassischen Zivilisationen entfaltete sich die kulturelle Identität auf einer beispiellos nuancierten Ebene. Bei den Griechen war diese Identität stark mit der Idee der **Polis**, der Stadtstaat, verbunden. Jede Polis verfügte über eigene politische Strukturen, Gottheiten und Sitten, und diese Unterschiede formten die kulturelle DNA ihrer Bürger. Athen, beispielsweise, stolperte über seinen demokratischen Charakter und die kulturelle Blüte, die in Dramen, Philosophie und Kunst verkörpert wurde. Sparta hingegen war durch seine militärische Ethik und Disziplin definiert.

Die Philosophie, in der Köpfe wie Sokrates, Platon und Aristoteles funkelten, förderte das Hinterfragen und Definieren von Konzepten wie Tugend, Gerechtigkeit und dem guten Leben. Durch solche Diskurse formten die Griechen nicht nur ihr Verständnis von der Welt, sondern auch von sich selbst.

Die klare Dichotomie, die sie zwischen sich und den sogenannten Barbaren zogen, ist ein klares Zeichen für die Ausarbeitung einer festen kulturellen Identität. In ihren Augen stand die barbarische Welt im Gegensatz zu ihrem eigenen zivilisierten Kosmos. Diese Unterscheidung diente nicht nur der Selbstdefinition, sondern auch als Rechtfertigung für ihre imperialen Ambitionen und Kriege.

Rom, der titanische Nachbar und oft Rivale, entwickelte eine andere Form der kulturellen Identität. Ursprünglich als kleine Stadt am Tiber gegründet, wuchs Rom zu einem Imperium heran, das den gesamten Mittelmeerraum umfasste. Mit diesem territorialen Wachstum kam die

Notwendigkeit, eine kulturelle Identität zu schaffen, die sowohl integrativ als auch dominant war. Das römische Bürgerrecht, ursprünglich ein exklusives Privileg, wurde schrittweise auf Provinzen ausgedehnt, wodurch das Gefühl der Zugehörigkeit zum Reich gefördert wurde.

Roms Identität war paradoxy: Es absorbierter Elemente von den Griechen, Etruskern, Kelten und vielen anderen, und doch behauptete es seine Einzigartigkeit. Die Architektur, Literatur und Rechtssysteme des Reiches spiegelten diesen Dualismus wider. Es war eine Kultur, die sich in der Lage sah, das Universelle und das Besondere zu verbinden, und sich selbst als ewig und unveränderlich ansah, selbst als es sich ständig veränderte. Es war sowohl römisch in seinem Kern als auch kosmopolitisch in seiner Umarmung.

Das Aufkommen von Weltreligionen und deren tiefgreifender Einfluss auf die kulturelle Identität inmitten des tiefgreifenden Zeitgeistes des ersten Jahrtausends, wo menschliche Gesellschaften in verschiedensten Regionen der Welt auf den Pfaden des kulturellen Austauschs und der transregionalen Vernetzung wandelten, trat ein weiteres gewaltiges Phänomen in den Vordergrund – das Erscheinen und die Ausbreitung von Weltreligionen. Diese religiösen Bewegungen wurden zu entscheidenden Architekten der kulturellen Identität zahlreicher Zivilisationen und beeinflussten, sowohl explizit als auch subtil, das kulturelle Gedankengut und die Lebensweise ganzer Nationen.

Die Etablierung des Christentums in Europa stellt einen paradigmatischen Wendepunkt in der kulturellen Evolution des Kontinents dar. Abseits seiner spirituellen Dimension formte das Christentum das europäische kulturelle Ethos durch seine Einbindung in Kunst, Philosophie und sogar in politische Strukturen. Es diente als Brücke zwischen verschiedenen Völkern, wobei das gemeinsame religiöse Verständnis oft als verbindendes Element fungierte. Kathedralen und Klosterschulen, die in der gotischen Pracht Europas erblühten, waren nicht nur Orte der Verehrung, sondern auch Bastionen der kulturellen Übermittlung und des Bildungsideals.

Der Buddhismus, ursprünglich im indischen Subkontinent verwurzelt, wurde zu einem transkulturellen Phänomen par excellence. Als er in die labyrinthischen Wege der Seidenstraße eindrang und Regionen wie Zentralasien, China und schließlich Japan erreichte, schuf er ein Pantheon kultureller Hybridität. Buddhistische Stupas und Pagoden wurden zu ikonischen Landschaftsmerkmalen, die nicht nur religiösen, sondern auch kulturellen Synkretismus symbolisierten.

Der Islam, der sich als strahlendes Leuchtfeuer der Spiritualität und Wissenschaft vom Al-Andalus im Westen bis zu den Sufi-Schreinen Indiens im Osten erstreckte, wurde zum Katalysator einer komplexen, facettenreichen Identität. Während der Kalifate und Sultanate wurde die islamische Welt als Zentrum des Wissens, der Kunst und Architektur berühmt. Der Islam, in seiner Essenz universell, förderte dennoch die Bewahrung lokaler Kulturen und Traditionen. Die Schaffung einer nuancierten islamischen Identität, die sowohl Pan-Islamismus als auch lokale Besonderheiten respektierte, zeugt von der adaptiven und integrativen Kraft dieser Religion.

Insgesamt kann man sagen, dass das Aufkommen dieser Weltreligionen nicht nur spirituelle Erweckungen und theologische Diskurse hervorbrachte, sondern auch tiefgreifende kulturelle Strömungen initiierte, die die Konturen der menschlichen Zivilisation maßgeblich formten. Sie dienten als verbindende wie auch differenzierende Kräfte, die sowohl Einheit als auch Diversität in die kulturelle Tapestry der Menschheit einwebten.

Die Metamorphose kultureller Identität im Kontext feudaler Strukturen und des aufkeimenden Humanismus, das dunkle Tapestry des mittelalterlichen Europas, geprägt von seiner labyrinthartigen Struktur feudaler Abhängigkeiten und politischer Zersplitterung, war der Nährboden für eine besondere Form der kulturellen Identität. In dieser Epoche, die oft als düster und unruhig wahrgenommen wird, wurden die kulturellen Identitäten nicht von den ephemeren Grenzen der Königreiche oder der Macht der Herrscher bestimmt, sondern vielmehr von der intimen Gemeinschaft des Lehenswesens und den tief verwurzelten religiösen Überzeugungen.

Innerhalb der sich windenden Gassen von mittelalterlichen Burgen und außerhalb der massiven Kathedralen, die den Himmel durchstachen, war die kulturelle Identität ein komplexes Amalgam aus lokalen Traditionen, Riten und dem omnipräsenten katholischen Glauben. Das tägliche Leben, von der Wiege bis zur Bahre, war vom Rhythmus religiöser Zeremonien durchzogen, was dem Individuum sowohl Trost als auch eine kulturelle Verankerung bot. Das Mönchtum, die Scholastik und die Pilgerreisen dienten als Katalysatoren der spirituellen und kulturellen Reflexion und ließen kulturelle Identitäten, die sowohl transzendent als auch erdgebunden waren, erblühen.

Doch während das Mittelalter in seiner geistigen Geographie verharrte, zeichnete sich am Horizont bereits ein neues Zeitalter ab. Die Renaissance, buchstäblich die Wiedergeburt, markierte das Ende der mittelalterlichen Stagnation und den Beginn einer Ära des kulturellen Erwachens. Im

Schatten der toskanischen Sonne und in den Hallen von Florenz und Rom erstrahlte die Renaissance als Leuchtfeuer des Humanismus und der Neugier. Durch die Wiederentdeckung der Schriften und Kunstwerke der klassischen Antike begann Europa, seine kulturelle Identität neu zu formen und das Individuum in den Mittelpunkt des kulturellen Diskurses zu stellen.

Künstler wie Leonardo da Vinci, Michelangelo und Raffael stellten nicht nur biblische Szenen dar, sondern auch das menschliche Dasein in seiner ganzen Komplexität. Das Konzept des Uomo Universale, des universal gebildeten Menschen, symbolisierte diese neue Vision der kulturellen Identität, in der Bildung, Kreativität und individuelle Exzellenz im Vordergrund standen.

In der Summe repräsentiert die Übergangszeit vom Mittelalter zur Renaissance eine der markantesten Phasen der kulturellen Metamorphose in Europa. Sie spiegelt den Wandel von einer Gesellschaft wider, die durch religiöse Orthopraxie und lokale Bindungen geprägt ist, zu einer, die sich durch kulturellen Pluralismus, Individualismus und ein neues Verständnis des Menschseins auszeichnet.

In der Periode der Entdeckungen des 15. und 16. Jahrhunderts, als Europäer unbekannte Kontinente und Kulturen entdeckten, fand ein bemerkenswerter Paradigmenwechsel in der kulturellen Identität Europas statt. Es war nicht nur ein Zeitalter der geographischen Erkundungen, sondern auch der introspektiven Entdeckung des europäischen Selbstbewusstseins. Die Begegnungen mit ‚dem Anderen', insbesondere während der Kolonisierung, zwangen die Europäer, ihre eigenen kulturellen, religiösen und sozialen Normen kritisch zu hinterfragen. Zugleich wurde mit dem Aufkommen des Humanismus die Individualität des

Menschen betont, was eine Abkehr von der kollektivistischen Identität des Mittelalters darstellte. Die Renaissanceschriftsteller und Philosophen, inspiriert durch antike Texte, postulierten das Bild des autonomen Individuums, das im Zentrum seiner eigenen existentiellen und kulturellen Erkundungen steht.

Im 18. Jahrhundert gab die Aufklärung dem Prozess der Identitätsbildung eine weitere entscheidende Wendung. Aufklärer wie Kant, Voltaire und Diderot betonten die Rolle der Vernunft im Leben des Individuums und in der Gesellschaft. Der rationale Diskurs wurde als universelles Instrument zur Verbesserung der menschlichen Existenz und zur Fortbildung der Gesellschaft angepriesen. Identität basierte nun weniger auf traditionellen oder religiösen Bindungen, sondern mehr auf den universellen Prinzipien von Freiheit, Gleichheit und Brüderlichkeit.

Doch während Europa sich in dieser Zeit als intellektuelles und kulturelles Zentrum sah, geriet es auch in Gefahr, andere Kulturen als barbarisch oder rückständig zu deklassieren. Die arrogante Annahme einer europäischen Überlegenheit wurde zum Eckpfeiler des Imperialismus und der Kolonialherrschaft.

Die Dynamik zwischen dem europäischen Selbst und dem kolonisierten Anderen wurde zu einem Schlüsselthema in der Diskussion über kulturelle Identität.

Insgesamt war das Zeitalter der Entdeckung und Aufklärung für die kulturelle Identität Europas von grundlegender Bedeutung. Es war eine Zeit, in der die Grenzen des Selbst und des Anderen ständig neu definiert und verhandelt wurden und in der die Beziehung zwischen dem Einzelnen und der Welt, in der er lebte, von entscheidender Bedeutung war.

Die Zeitspanne, die von der Industriellen Revolution bis zum 20. Jahrhundert reicht, repräsentiert eine Phase tiefgreifender sozioökonomischer und politischer Umwälzungen, die die kulturelle Identität auf vielschichtige Weise prägten und transformierten.

Beginnend mit der Industriellen Revolution im 18. Jahrhundert: Das durch Kohle und Dampf angetriebene mechanisierte Zeitalter führte nicht nur zu beispiellosen wirtschaftlichen Veränderungen, sondern auch zu einem tiefgreifenden Wandel in der sozialen Struktur und im Selbstverständnis der Menschen. Urbanisierungsprozesse führten zu einem Exodus von landwirtschaftlich geprägten Gemeinschaften in die aufkeimenden Metropolen. Der Mensch sah sich konfrontiert mit der Anonymität des urbanen Dschungels, einem Ort, der sowohl Möglichkeiten als auch Entfremdung bot. Diese Verschiebung hatte weitreichende Auswirkungen auf die kulturelle Identität, wobei der Mensch in einem ständigen Ringen zwischen der Erhaltung seiner traditionellen Werte und der Anpassung an ein neues urbanes Milieu stand.

Das 20. Jahrhundert präsentierte eine komplexe Bühne geopolitischer Umwälzungen. Die Gräuel der beiden Weltkriege stellten grundlegende Fragen nach der menschlichen Natur, der Moral und dem Sinn von Nationalität und Zugehörigkeit. Das Zeitalter der Dekolonisation und die Bildung von Nationalstaaten, insbesondere in Afrika und Asien, implizierten einen dynamischen Prozess der Selbstdefinition, der oft durch die Linse des Antiimperialismus und der kulturellen Renaissance betrachtet wurde.

Die dominanten Ideologien – Kommunismus, Faschismus und Liberalismus – des 20. Jahrhunderts boten nicht nur verschiedene Modelle der politischen und wirtschaftlichen Organisation, sondern stellten auch unterschiedliche

Vorstellungen von kollektiver Identität und individuellem Wert dar. Während der Faschismus ein ultranationalistisches und oft ethnisch fundiertes Bild propagierte, versuchte der Kommunismus, eine klassenlose Gesellschaft auf der Grundlage von Solidarität und gemeinschaftlichem Besitz zu formen. Der Liberalismus hingegen betonte die Rechte und Freiheiten des Individuums im Kontext einer pluralistischen Gesellschaft. Insgesamt war diese Epoche gekennzeichnet durch einen ständigen Fluss und eine Neuverhandlung kultureller Identitäten. Angesichts der raschen Veränderungen und der oft brutalen Konfrontation mit dem Anderen, sei es durch Krieg, Kolonialismus oder ideologische Auseinandersetzungen, wurde der Mensch des 20. Jahrhunderts ständig herausgefordert, seine Identität zu überdenken und neu zu definieren – ein Prozess, der sowohl schmerzhaft als auch befreiend war.

Das späte 20. und der Beginn des 21. Jahrhunderts markieren eine Ära, die oft als postmodern bezeichnet wird – eine Zeit, die von tiefgreifenden kulturellen, sozialen und technologischen Umwälzungen geprägt ist. Die Episteme dieser Zeit, gekennzeichnet durch ihre Infragestellung von Grand Narratives und Universalismen, präsentiert kulturelle Identität als ein amorphes Konstrukt, das ständig im Fluss ist.

In der Tat hat die Globalisierung, eine der prägenden Kräfte dieser Epoche, das Gefüge traditioneller kultureller Identitäten entscheidend beeinflusst. Es entstand eine Dichotomie zwischen lokalen und globalen Identitäten. Lokale Kulturen erleben sowohl eine Renaissance ihrer Traditionen als auch eine Transformation durch den Einfluss globaler Dynamiken. Einerseits besteht das Bedürfnis, kulturelle Besonderheiten zu bewahren und gegen die

Homogenisierung zu verteidigen, andererseits öffnet die Interaktion mit globalen Einflüssen neue Möglichkeiten für Hybridität und Synkretismus.

Die Technologie, insbesondere das Internet und die sozialen Medien, hat eine Plattform für die Dissemination und Rezeption von kulturellen Narrativen geschaffen, die in beispiellosem Maße interkonnektiv sind. Dies hat zu einer Demokratisierung des Diskurses über Identität geführt, wobei Individuen und Gemeinschaften in der Lage sind, ihre eigenen Erzählungen zu konstruieren und zu teilen, jenseits traditioneller Medien oder institutioneller Gatekeeper.

Migration, ein weiteres Merkmal unserer globalisierten Welt, hat ebenfalls eine Schlüsselrolle bei der Formung und Neudefinition kultureller Identitäten gespielt. Diasporagemeinschaften, oft geprägt von einer Dualität des Zugehörigkeitsgefühls, navigieren durch die Komplexität von Heimat und Exil und schaffen dabei oft neue kulturelle Formen, die Elemente beider Welten in sich tragen.

In diesem Kaleidoskop von Veränderungen und Verschiebungen wird kulturelle Identität, wie Sie korrekt bemerkt haben, oft als flüssig betrachtet. Die Metapher der Flüssigkeit, populär gemacht durch den Soziologen Zygmunt Bauman, impliziert eine Identität, die sich ständig verändert und formt, nicht an feste Grenzen oder Kategorien gebunden ist und durch globale Strömungen beeinflusst wird.

Abschließend lässt sich sagen, dass die kulturelle Identität in der postmodernen Epoche sowohl ein Spannungsfeld als auch eine Quelle unendlicher Kreativität ist. Es ist eine Zeit, in der die Vorstellungen von Selbst und Anderem, von Innen und Außen, ständig in Bewegung sind, was sowohl Herausforderungen als auch Möglichkeiten für das Verständnis und die Definition dessen bietet, was es bedeutet, in unserer heutigen Welt „Ich“ zu sein.

Fortführend müssen wir in dem Zusammenhang direkt über die Ära der Digitalisierung reden. Sie hat das Internet, die Landschaft des kulturellen Diskurses, nachhaltig verändert und traditionelle Kulturvermittler, wie Verlagshäuser, Rundfunkanstalten und Kunstgalerien, ins Wanken gebracht. Durch Plattformen wie Twitter, Facebook und Instagram haben Individuen die Möglichkeit erhalten, ihre eigenen kulturellen Perspektiven ohne Gatekeeper zu artikulieren und einer globalen Öffentlichkeit zugänglich zu machen. Dies hat zu einer Demokratisierung des kulturellen Diskurses geführt, bei dem die Stimmen vieler, nicht nur der wenigen, gehört werden können.

Gleichzeitig hat die Technologie der sozialen Medien eine Ära der Instantaneität und Vernetzung eingeleitet. Kulturelle Inhalte, ob Musik, Kunst oder Literatur, können in Echtzeit geteilt und verbreitet werden, wodurch globale Phänomene entstehen. Ein Musikvideo aus Südkorea beispielsweise kann durch das Teilen und erneute Teilen innerhalb von Stunden die Welt erobern und Millionen von Menschen erreichen.

Diese grenzenlose Vernetzung führt zu einem Phänomen der kulturellen Hybridisierung. Verschiedene Kulturen, die früher isoliert waren, vermischen sich nun und schaffen neue, hybride Ausdrucksformen. In Musik, Film und Kunst inspirieren Künstler aus der ganzen Welt einander, wodurch transkulturelle Werke entstehen, die sowohl universell als auch einzigartig sind.

Ein weiteres Phänomen dieser digitalen Ära ist die Rekontextualisierung und die aufkommende Mem-Kultur. Memes, kulturelle Einheiten, die viral verbreitet werden, nehmen oft bestehende kulturelle Symbole und setzen sie in neue, humorvolle oder ironische Kontexte. Dies reflektiert die flexible und dynamische Natur des Online-Kulturverbrauchs.

Allerdings sind diese Entwicklungen nicht ohne Kontroversen. Das schnelle Teilen und Adaptieren von kulturellen Inhalten hat zu Debatten über Authentizität und kulturelle Aneignung geführt. Wo zieht man die Grenze zwischen Inspiration und Aneignung?

In einer global vernetzten Welt entstehen neue Spannungsfelder über das Eigentum und die Rechte an kulturellen Ausdrucksformen.

Schließlich bietet das Internet Menschen, die physisch von ihrer Heimatkultur getrennt sind, die Möglichkeit, in digitalen Diasporas und transnationalen Gemeinschaften zusammenzukommen. Migranten, Flüchtlinge und andere in der Diaspora lebende Personen finden in sozialen Netzwerken oft Trost und Gemeinschaft. Sie teilen Nachrichten, pflegen kulturelle Traditionen und bieten Unterstützung, selbst wenn Tausende von Kilometern sie trennen.

Zusammengefasst hat die digitale Revolution nicht nur die Art und Weise, wie wir Kultur konsumieren und teilen, verändert, sondern auch, wie wir sie interpretieren, wertschätzen und darüber diskutieren. Es ist eine Ära des Wandels, der Herausforderungen, aber auch großer Möglichkeiten für interkulturellen Austausch und Verständnis.

Die Digitalisierung hat die Landschaft des kulturellen Erbes und Ausdrucks erheblich verändert, wobei sie sowohl grenzenlose Möglichkeiten als auch unvermeidliche Grenzen bietet.

Die Möglichkeiten sind reichlich. Mit dem Einsatz digitaler Technologien haben Museen, Bibliotheken und

Kulturerbe-Institutionen begonnen, ihre Sammlungen zu digitalisieren, wodurch Artefakte und Dokumente, die sonst physisch eingeschränkt oder für die Öffentlichkeit unzugänglich wären, global verfügbar gemacht werden. Diese Bemühungen haben dazu beigetragen, dass Kulturgüter, die in physischen Archiven verstauben könnten, nun einem weltweiten Publikum zugänglich gemacht werden.

Darüber hinaus nutzen Diaspora-Gemeinschaften und Minderheiten die Vorteile digitaler Plattformen, um ihre kulturelle Identität zu festigen. Sie können sich vernetzen, Geschichten erzählen, Erfahrungen teilen und so ein Gefühl der Gemeinschaft und Zugehörigkeit fördern, unabhängig von geografischen Entfernungen. Parallel dazu hat die Technologie neue Medien und Plattformen für künstlerischen Ausdruck geschaffen. Künstler nutzen digitale Werkzeuge, um Kunstwerke zu schaffen, die ihre kulturellen Identitäten in zeitgenössischen Formaten widerspiegeln. Und schließlich, in einem Zeitalter, in dem Bildung immer digitaler wird, haben Online-Kurse und Webinare den kulturellen Horizont vieler Menschen erweitert, indem sie Kenntnisse über verschiedene Kulturen vermitteln.

Aber wie bei jeder Medaille gibt es auch eine Kehrseite. Eines der größten Probleme ist die kulturelle Homogenisierung. Durch die Dominanz bestimmter Technologieplattformen und globaler Medien könnten einzigartige kulturelle Ausdrucksformen durch globalisierte Kulturformen ersetzt werden. Es besteht auch das Problem des digitalen Grabens. Während einige Gemeinschaften von den Vorteilen der Digitalisierung profitieren, bleiben andere aufgrund fehlenden Zugangs zu Technologie zurück. Die Leichtigkeit der digitalen Reproduktion kann auch zu einem Verlust von Authentizität führen, indem die wertvollen physischen

Erfahrungen durch virtuelle ersetzt werden. Die Sicherheit von Daten und Kulturerbe ist ein weiteres Anliegen. Die Speicherung von kulturellen Daten auf digitalen Plattformen ist nicht immer sicher und birgt Risiken in Bezug auf Datenverlust, Hacking oder Missbrauch. Schließlich kann die unkontrollierte Verbreitung kultureller Inhalte durch digitale Technologien auch zu kultureller Aneignung führen, bei der kulturelle Symbole und Praktiken oft ohne den notwendigen Kontext oder Respekt geteilt werden.

Insgesamt hat die Digitalisierung des kulturellen Raums sowohl das Potential, Kulturen zu verbinden und zu bewahren als auch die Gefahr, sie zu verwässern oder zu missbrauchen. Es ist entscheidend, dass wir diese Werkzeuge verantwortungsbewusst nutzen, um das reiche kulturelle Erbe der Menschheit zu fördern und zu schützen.

Geschichtliche Wurzeln und kulturelle Umbrüche

Seit dem Mittelalter wurden die Samen durch externe Mächte kolonisiert, was zu einer Marginalisierung ihrer Kultur und Lebensweise führte. Religiöse Konvertierung, territoriale Eingriffe und Assimilationspolitik bedrohten ihre traditionelle Lebensweise und kulturelle Praktiken.

Die Renaissance der Sami-Sprache als strategische Antwort auf historische Herausforderungen:

In den Tiefen der Geschichte, als die Anfänge der Globalisierung Form annahmen, begannen Kulturen und Gemeinschaften sich rasch zu verflechten. Dies führte oft zu einem Konflikt zwischen dem Erhalt kultureller Identitäten und dem Drang, sich an dominierende Normen anzupassen. Ein lehrreiches Beispiel in diesem Kontext ist die Erfahrung der Sami, eines indigenen Volkes des nördlichen Europas.

Die Sami, die sich über Teile Norwegens, Schwedens, Finnlands und Russlands erstrecken, erlebten im Laufe der Zeit intensive Assimilationsversuche. Historisch betrachtet versuchten die dominierenden Regierungen, die einzigartige Kultur, Tradition und vor allem die Sprache der Sami zu untergraben. Dies war ein klarer Versuch, ihre Identität in die jeweilige nationale Kultur zu integrieren, wobei die Assimilationspolitiken besonders in Bildungsinstitutionen zum Vorschein kamen. Schulkinder wurden oft gezwungen, die Landessprache zu lernen und wurden für die Nutzung ihrer Muttersprache bestraft.

Trotz dieser drückenden Assimilationspolitik erkannten die Sami und ihre Anführer die unschätzbare Bedeutung ihrer Sprache als Trägerin von Geschichte, Tradition und Identität.

Dies führte zu bemerkenswerten Bemühungen, die Sami-Sprache wiederzubeleben und sie gegen das drohende Aussterben zu schützen. Bildungsreformen wurden eingeleitet, die die Sami-Sprache in den Mittelpunkt stellten. In einigen Regionen wurde sie sogar in Schulsysteme institutionalisiert. Dieser Schritt gewährleistete, dass jüngere Generationen nicht nur die Sprache sprechen, sondern auch die reichen Traditionen und Geschichten, die sie transportiert, wertschätzen.

Parallel dazu gab es eine Wiederbelebung in den Bereichen Literatur und Medien. Sami-Autoren, Dichter und Journalisten begannen, Werke in ihrer Muttersprache zu produzieren, wodurch sie eine moderne Bedeutung erhielt und in den Alltag der Menschen integriert wurde.

Insgesamt zeigt die Renaissance der Sami-Sprache, wie entschlossen Gemeinschaften sein können, wenn es darum geht, ihre kulturelle Identität in einer sich schnell globalisierenden Welt zu bewahren. Es ist ein Beweis dafür, dass trotz äußerer Einflüsse und Herausforderungen, mit der richtigen Strategie und Entschlossenheit, der Kern einer Kultur und Identität bewahrt und sogar gestärkt werden kann.

Die Rentierhaltung der Sami als Leuchtfeuer kultureller Beständigkeit:

Im Zeitalter der Globalisierung erleben viele indigene Gemeinschaften einen beispiellosen Druck auf ihre traditionellen Lebensweisen. Dieser Druck, oft manifestiert durch Modernisierung, Urbanisierung und den wirtschaftlichen Drang, sich in eine globalisierte Wirtschaft einzufügen, kann tiefgreifende Auswirkungen auf kulturelle Identitäten haben. Die Sami, das indigene Volk des arktischen Europa, stehen im Mittelpunkt dieser Krise, aber ihre Entschlossenheit, traditionelle Praktiken zu bewahren, bietet eine inspirierende Fallstudie über den Triumph der Kultur über den Wandel.

Historisch betrachtet, bevor Europa in das industrielle Zeitalter eintrat, lebten die Sami in einem engen Verhältnis zur Natur, wobei die Rentierhaltung im Zentrum ihrer Existenz stand. Diese Beziehung zu den Rentieren war nicht nur wirtschaftlicher Natur, sondern verkörperte auch eine tiefe spirituelle und kulturelle Bindung. Rentiere boten nicht nur Nahrung und Materialien für Kleidung und Werkzeuge, sondern standen auch im Zentrum vieler Sami-Traditionen, Rituale und Geschichten.

Mit dem Vormarsch der Modernisierung, insbesondere im 20. Jahrhundert, wurden traditionelle Lebensweisen überall in der Welt oft als rückständig oder unwirtschaftlich betrachtet. Moderne Technologien, neue Wirtschaftsmodelle und der Einfluss westlicher Kulturen begannen, in die traditionellen Sami-Gemeinschaften einzudringen. Infrastrukturelle Entwicklungen wie Straßen und Eisenbahnen durchschnitten Rentierweiden, während Industrie und Bergbau das empfindliche arktische Ökosystem bedrohten.

Trotz dieser Herausforderungen halten viele Sami bewusst an der Rentierhaltung als ihrer Hauptbeschäftigung fest. Für sie ist die Rentierhaltung weit mehr als nur eine wirtschaftliche Tätigkeit. Es ist ein tägliches Ritual, das sie mit ihren Vorfahren, ihrer Geschichte und ihrem Land verbindet. Das Rentier ist nicht nur ein Tier oder ein Besitz, es ist ein Symbol ihrer kulturellen und historischen Identität.

Inmitten der rasanten Veränderungen, die die Globalisierung mit sich bringt, repräsentiert die Rentierhaltung einen Anker der Beständigkeit für die Sami. Es ist ein starker Ausdruck ihres Willens, ihre kulturelle Identität zu bewahren, sich an ihre Wurzeln zu erinnern und trotz externer Einflüsse und Drucke ihren eigenen Weg zu beschreiten.

So steht die Rentierhaltung der Sami als ein leuchtendes Beispiel für die Fähigkeit einer Gemeinschaft, ihre Identität und Traditionen in einer sich ständig verändernden globalen Landschaft zu bewahren. Es lehrt uns die Bedeutung der Anerkennung und Wertschätzung kultureller Praktiken und Traditionen, auch wenn sie im Kontext der modernen Welt veraltet erscheinen mögen. Es ist ein lebendiger Beweis dafür, dass Tradition und Modernität koexistieren können, solange eine Gemeinschaft den Wert ihrer kulturellen Praktiken erkennt und sich für ihre Erhaltung einsetzt.

Politische Mobilisierung der Samen in einer globalisierten Welt:

Ein historischer Kontext:

In der zweiten Hälfte des 20. Jahrhunderts, als die Auswirkungen der Globalisierung immer spürbarer wurden, standen indigene Gemeinschaften wie die Samen vor beispiellosen Herausforderungen. Die traditionelle Lebensweise der Samen wurde durch externe Einflüsse und den Druck, sich in modernen Nationalstaaten zu integrieren, immer mehr bedroht. Es wurde jedoch bald klar, dass die Antwort auf diese Bedrohungen nicht nur im Festhalten an traditionellen Praktiken lag, sondern auch in der politischen Mobilisierung und Organisation.

Die 1960er Jahre waren ein Wendepunkt in der Geschichte der politischen Aktivität der Samen. Diese Dekade war geprägt von einem weltweiten Aufschwung sozialer und politischer Bewegungen. Vom Bürgerrecht in den USA bis zur Dekolonisation in Afrika und Asien war es eine Zeit des Wandels und der Emanzipation. Inspiriert von diesen globalen Strömungen, begannen die Samen, ihre eigenen politischen Institutionen und Bewegungen zu formieren.

Der Anstoß für diese politische Mobilisierung lag in der Erkenntnis, dass die Bewahrung der Sami-Identität und -Kultur nicht nur eine kulturelle oder soziale Frage war, sondern auch eine politische. Das Recht auf Land, die Anerkennung ihrer Sprache, der Schutz ihrer traditionellen Praktiken – all dies waren Themen, die eine politische Dimension hatten und im Kontext moderner Nationalstaaten eine politische Anerkennung erforderten.

Der Samische Rat, gegründet in den 1950ern, wurde zu einem Schlüsselinstrument dieser Mobilisierung. Als transnationale Organisation, die die Samen aus Norwegen, Schweden, Finnland und Russland repräsentiert, hat der Rat nicht nur die Interessen der Samen auf nationaler Ebene vertreten, sondern auch auf internationaler Bühne. Durch den Rat konnten die Samen ihre Stimme in internationalen Foren wie den Vereinten Nationen erheben, wo sie sich für die Rechte indigener Völker weltweit einsetzten.

Aber diese politische Mobilisierung war nicht nur auf höchster Ebene sichtbar. In den samischen Gemeinschaften entstanden Gruppen und Bewegungen, die sich für die Erhaltung der Sprache, den Schutz des Landes oder die Anerkennung der Rentierhaltung als kulturelles und wirtschaftliches Recht einsetzten. Diese Basisbewegungen spielten eine entscheidende Rolle bei der Sensibilisierung für samische Anliegen und bei der Schaffung eines kollektiven Bewusstseins.

Im historischen Kontext zeigt die politische Mobilisierung der Samen in der Zeit der Globalisierung die Widerstandsfähigkeit und Anpassungsfähigkeit von Gemeinschaften, die mit dem Verlust ihrer Identität konfrontiert sind. Durch Organisation, Repräsentation und die Nutzung moderner politischer Werkzeuge haben die Samen gezeigt, dass es möglich ist, sowohl seine Wurzeln und Traditionen zu bewahren als auch in einer globalisierten Welt aktiv und einflussreich zu sein.

Einblicke in die samische Identität in einer globalisierten Welt:

Die Geschichte der Samen, des indigenen Volkes des nördlichen Skandinaviens, ist tief in ihren traditionellen Praktiken, Liedern, Tänzen und Geschichten verwurzelt. Doch in einer Zeit, in der die kulturellen Linien durch die rasante Globalisierung immer weiter verwischen, werden kulturelle Veranstaltungen und Festivals zu einem entscheidenden Mittel, um die einzigartige Identität der Samen zu bewahren und zu fördern. Veranstaltungen wie das Samische Musikfestival und die Samische Woche sind nicht nur Festlichkeiten, sondern auch kulturelle Ausdrucksformen und Informationszentren. Diese Veranstaltungen dienen mehreren Zwecken: Sie sind gleichzeitig Bildungsforen, Plattformen für künstlerischen Ausdruck und Begegnungsorte für die Gemeinschaft.

Das Samische Musikfestival bietet beispielsweise eine Bühne für traditionelle Joiks, die samischen Gesänge, die Geschichten erzählen und die tiefe Verbindung der Samen zur Natur und zu ihren Ahnen zum Ausdruck bringen. Doch es geht nicht nur um die Bewahrung der Tradition. Moderne samische Künstler, die sowohl traditionelle Joiks als auch zeitgenössische Musikstile nutzen, können ihre Stücke einem breiten Publikum präsentieren. Dieser interkulturelle und musikalische Austausch führt dazu, dass die samische Musik sowohl für die Jugend als auch für die älteren Generationen relevant bleibt.

Die Samische Woche hingegen ist ein breiteres Kulturfestival, das eine Vielzahl von Veranstaltungen bietet, von Kunstausstellungen über Theateraufführungen bis hin zu Diskussionsforen über samische Rechte und Identität. Die Woche bietet eine Gelegenheit für die Samen, sich ihrer Kultur und Geschichte bewusst zu werden, und für Nicht-Samen, die samische Kultur zu erkunden und zu schätzen.

In einer Zeit, in der die Auswirkungen der Globalisierung zu einer Homogenisierung der Kulturen führen könnten, sind solche Veranstaltungen ein lebendiges Zeugnis für die Vielfalt und Reichhaltigkeit der samischen Kultur. Sie dienen als Erinnerung daran, dass trotz der globalen Einflüsse die Einzigartigkeit einer Kultur in ihren Liedern, Geschichten und Traditionen lebendig gehalten werden kann.

In einem historischen Kontext stellen diese kulturellen Veranstaltungen und Festivals eine moderne Adaption dar, um die samische Kultur und Identität zu bewahren. Sie sind eine Reaktion auf die Herausforderungen der Globalisierung und zeigen, dass Tradition und Modernität in einem harmonischen Gleichgewicht koexistieren können. Sie sind Zeugnisse des Bestrebens der Samen, ihre Identität in einer sich ständig verändernden Welt zu bewahren und gleichzeitig zu feiern.

Die samische Identität in der Ära der Digitalisierung:

In einer sich rasant entwickelnden Welt, in der die Verbreitung von Informationen und Kulturen durch moderne Technologien und digitale Plattformen gefördert wird, haben die Samen einen bemerkenswerten Weg gefunden, die Vorteile der Digitalisierung zu nutzen, während sie gleichzeitig die Tiefe und Authentizität ihrer Kultur bewahren.

Historisch betrachtet haben indigene Völker, wie die Samen, oft unter den Auswirkungen der Globalisierung und Modernisierung gelitten. Diese Entwicklungen führten oft zu einer Erosion ihrer kulturellen Praktiken und Identität.

Aber in der heutigen digitalen Ära haben die Samen diese Werkzeuge zu ihrem Vorteil genutzt, um ihre kulturelle Vitalität zu stärken und eine Brücke zwischen Tradition und zeitgenössischer Technologie zu schlagen.

Durch **digitale Archivierung** und Multimedia-Plattformen können samische Geschichten, die mündlich über Generationen weitergegeben wurden, jetzt aufgezeichnet und für die Ewigkeit bewahrt werden. Dies sichert nicht nur das kulturelle Erbe für zukünftige Generationen, sondern ermöglicht auch, dass Menschen aus aller Welt Einblick in die reiche Geschichte und Tradition der Samen erhalten.

Musik ist ein weiterer Bereich, in dem die Digitalisierung Wunder wirkt. Traditionelle samische Joiks können jetzt über Streaming-Plattformen gehört werden und moderne Interpretationen dieser traditionellen Lieder erreichen ein junges, globales Publikum, das sich vielleicht sonst nie mit dieser Kultur beschäftigt hätte. Das Resultat ist ein faszinierender kultureller Austausch, bei dem die samische Musik nicht nur bewahrt, sondern auch neu interpretiert und in zeitgenössischen Kontexten weiterentwickelt wird.

Digitale Kunstgalerien und virtuelle Touren ermöglichen es, samische Kunstwerke und handwerkliche Meisterwerke zu präsentieren, ohne dass physische Grenzen oder geografische Entfernungen eine Rolle spielen. Dies eröffnet neue Möglichkeiten für Künstler, ihre Werke zu verkaufen und gleichzeitig das Bewusstsein für ihre kulturelle Herkunft zu schärfen.

Die sozialen Medien spielen ebenfalls eine entscheidende Rolle. Durch Plattformen wie Instagram, YouTube und TikTok teilen junge Samen ihr tägliches Leben, ihre Traditionen und ihre modernen Interpretationen der samischen Kultur. Sie sind Botschafter ihrer Kultur in einem digitalen

Zeitalter und zeigen, wie Tradition und Moderne koexistieren können.

In einem historischen Kontext zeigt die Integration moderner Technologien durch die Samen, dass Fortschritt und Tradition nicht in Widerspruch zueinander stehen müssen. Die Samen haben geschickt digitale Werkzeuge eingesetzt, um ihre Kultur zu verstärken, zu verbreiten und zu bewahren, und sind damit ein inspirierendes Beispiel dafür, wie indigene Völker in der globalisierten digitalen Welt ihren Platz finden können.

Historische Dynamiken und kulturelle Veränderungen

Die Ureinwohner des Amazonas-Regenwaldes umfassen eine Vielzahl ethnischer Gruppen, die sich über neun Länder in Südamerika erstrecken. Diese Gruppen haben jahrtausendelang in Harmonie mit ihrer Umgebung gelebt, wobei der Regenwald sowohl als physisches Zuhause als auch als spiritueller und kultureller Anker diente. Seit dem europäischen Kontakt im 16. Jahrhundert haben jedoch verschiedene externe Kräfte, darunter Kolonisierung, Missionierung, Wirtschaftsentwicklung und staatliche Interventionen, ihre kulturelle Identität und Lebensweise stark beeinträchtigt.

Historischer Kontext und Auswirkungen auf die Identität indigener Gemeinschaften:

Die Entwaldung und Umweltzerstörung im Amazonas-Regenwald ist ein Phänomen, das tief in die gesellschaftlichen, wirtschaftlichen und politischen Aspekte Südamerikas eingreift. Historisch gesehen ist die Zerstörung dieses Ökosystems nicht nur ein Zeichen für den Vormarsch der sogenannten Entwicklung, sondern auch ein direkter Angriff auf die Identität und das Überleben der dort lebenden indigenen Gemeinschaften.

Seit der Kolonialzeit war der Amazonas-Regenwald Zeuge verschiedener Eroberungs- und Ausbeutungszyklen. Anfangs waren es die Spanier und Portugiesen, die nach Gold und anderen wertvollen Ressourcen suchten. Später wurden Kautschukbäume für die wachsende globale Nachfrage nach Kautschuk ausgebeutet. Jeder dieser Zyklen führte zu einem tiefgreifenden kulturellen und ökologischen Schock für die indigenen Gemeinschaften.

In jüngerer Zeit hat die rasante Ausdehnung von Agrarflächen, vor allem für den Anbau von Soja und die Rinderzucht, zusammen mit dem Holzeinschlag und Bergbauaktivitäten, den Regenwald weiter dezimiert. Große Infrastrukturprojekte, wie Straßen und Wasserkraftwerke, haben ebenfalls zum Fragmentieren und Schrumpfen des Waldes beigetragen.

Für die indigenen Gemeinschaften bedeutet der Verlust ihres Territoriums nicht nur den Verlust ihres Zuhauses, sondern auch ihrer kulturellen und spirituellen Bindung an das Land. Der Wald ist nicht nur ein physischer Ort, sondern auch ein zentrales Element ihrer Weltanschauung, Mythologie und Identität. In vielen indigenen Kulturen wird der Wald als lebendiges Wesen betrachtet, das Nahrung, Medizin und spirituelle Führung bietet. Mit der fortschreitenden Entwaldung sind viele dieser Gemeinschaften gezwungen, ihre traditionelle Lebensweise aufzugeben und sich an den Rand urbaner Gebiete zu verlagern. Dies führt zu einem kulturellen Schock, dem Verlust von Traditionen und oft zu sozialen Problemen wie Armut, Arbeitslosigkeit und Diskriminierung.

Die globale Gemeinschaft hat zwar zunehmend das Ausmaß der Entwaldung und ihre Auswirkungen auf den Klimawandel anerkannt, aber die tieferen kulturellen und sozialen Auswirkungen auf die indigenen Gemeinschaften werden oft übersehen.

In diesem historischen Kontext erinnert die anhaltende Entwaldung des Amazonas-Regenwaldes uns an die Notwendigkeit, nicht nur den physischen Raum, sondern auch die kulturellen und spirituellen Bindungen, die er verkörpert, zu bewahren. Es ist ein Aufruf zum Handeln, um die Identität und das Überleben von Gemeinschaften zu schützen, die seit

Jahrhunderten als Hüter dieses unschätzbaren Ökosystems fungieren.

Historischer Kontext und Identitätsverlust:

Kulturelle Assimilation, als der Prozess, in dem Individuen oder Gruppen ihre eigenen kulturellen Merkmale zugunsten einer anderen Kultur aufgeben, hat im Amazonasgebiet tiefe Spuren hinterlassen. Dieses Phänomen steht in direktem Zusammenhang mit den Bestrebungen externer Akteure, insbesondere während der Kolonialzeit und in den folgenden Jahrhunderten, die indigenen Völker zu zivilisieren oder zu integrieren.

Historisch gesehen begann die Assimilationspolitik mit der Ankunft der europäischen Kolonisatoren im 16. Jahrhundert. Unter dem Vorwand der Entdeckung kamen die Europäer nicht nur mit dem Ziel, die natürlichen Ressourcen des Kontinents auszubeuten, sondern auch mit der Absicht, ihre kulturellen, religiösen und sozialen Normen zu verbreiten. **Bildungsprogramme:** Eines der mächtigsten Werkzeuge der Assimilationspolitik waren Bildungsprogramme. Koloniale Regierungen und Missionare gründeten Schulen in indigenen Gemeinschaften mit dem ausdrücklichen Ziel, den Kindern eine westliche Bildung zu vermitteln. In diesen Schulen wurde die Verwendung indigener Sprachen oft streng verboten, stattdessen wurde das Erlernen der Kolonialsprache (meist Spanisch oder Portugiesisch) gefördert. Dies führte zu einem schrittweisen Verlust der indigenen Sprachen und damit auch der damit verbundenen kulturellen und historischen Erinnerung. **Religionsprogramme:** Ebenso zielten missionarische Bemühungen darauf ab, die indigenen Völker des Amazonas zum Christentum zu bekehren. Oftmals wurden indigene spirituelle Praktiken als heidnisch oder teuflisch betrachtet, und Missionare arbeiteten daran, diese durch christliche Rituale und Glaubenssätze zu ersetzen. Dies hatte nicht nur den Effekt, dass die indigenen Völker ihre spirituellen Bindungen und Traditionen verloren, sondern auch ihre kosmologische Sichtweise, die so eng mit dem Regenwald und seiner Flora und Fauna verbunden war.

Die Folgen dieser Assimilationspolitiken waren tiefgreifend. Viele indigene Völker verloren nicht nur ihre Sprache und Religion, sondern auch ihr Selbstverständnis und ihre Rolle in der Welt. In vielen Fällen führte dies zu sozialen Problemen, darunter Alkoholismus, Arbeitslosigkeit und die Entfremdung von den eigenen Gemeinschaften.

Heute, im Kontext einer globalisierten Welt, erkennen viele dieser Gemeinschaften die Notwendigkeit an, ihre Kulturen wiederzubeleben und ihre Identitäten wiederzuerlangen. Dies beinhaltet oft die Rückbesinnung auf traditionelle Praktiken, Sprachen und Glaubenssätze als Widerstand gegen die erdrückende Dominanz westlicher Kulturen.

Insgesamt zeigt die Geschichte der kulturellen Assimilation im Amazonasgebiet, wie mächtige externe Kräfte die Identität und Existenz ganzer Völker beeinflussen können. Es ist auch eine Mahnung daran, wie wichtig es ist, kulturelle Vielfalt und die Rechte indigener Völker in einer immer stärker vernetzten Welt zu schützen und zu fördern.

Staatliche Interventionen und die Marginalisierung indigener Gemeinschaften im historischen Kontext:

Die Wechselbeziehung zwischen staatlichen Interventionen und den Rechten indigener Gemeinschaften, insbesondere in Regionen wie dem Amazonas, verstrickt sich in einem komplexen Geflecht aus Geschichte, Politik und Machtasymmetrien. Historisch gesehen haben nationale Regierungen die wertvollen Ressourcen des

Amazonas-Regenwaldes oft als nationales Eigentum betrachtet, dabei jedoch die kulturellen, spirituellen und territorialen Ansprüche der dort lebenden indigenen Gemeinschaften übersehen oder ignoriert.

Seit den Kolonialzeiten, als europäische Mächte den amerikanischen Kontinent eroberten, wurde die Kontrolle über das Land und seine reichen Ressourcen zu einem zentralen Konfliktpunkt. Diese Kolonisatoren sahen den Amazonas oft als unberührtes Territorium, ungeachtet der Tatsache, dass dort zahlreiche indigene Gemeinschaften lebten, die seit Jahrhunderten komplexe soziale, wirtschaftliche und spirituelle Beziehungen zu ihrem Land unterhielten.

Mit der Unabhängigkeit vieler lateinamerikanischer Länder von ihren kolonialen Herren im 19. und 20. Jahrhundert änderte sich die Form des Konflikts, aber nicht notwendigerweise dessen Wesen. Viele der neuen nationalen Regierungen, bestrebt nach wirtschaftlichem Wachstum und Modernisierung, sahen den Amazonas und seine unermesslichen Ressourcen als Mittel zum Erreichen dieser Ziele. Infrastrukturprojekte, Bergbauinitiativen und großflächige landwirtschaftliche Unternehmungen wurden oft ohne Rücksicht auf die Rechte oder Bedenken der indigenen Gemeinschaften vorangetrieben.

Staatliche Interventionen gingen oft Hand in Hand mit massiven Enteignungen, wobei indigene Gemeinschaften von ihrem angestammten Land verdrängt wurden. Die rechtliche Anerkennung ihrer territorialen Ansprüche wurde oft durch komplexe bürokratische Verfahren behindert oder gänzlich ignoriert. In einigen Fällen führten diese Interventionen zu offenen Konflikten, bei denen indigene Gemeinschaften ihren Lebensraum, ihre Kultur und manchmal sogar ihr Leben verteidigen mussten.

Die Konsequenzen dieser historischen Muster sind bis heute spürbar. Viele indigene Gemeinschaften kämpfen nach wie vor um die Anerkennung ihrer territorialen Rechte, die Bewahrung ihrer kulturellen Identität und den Schutz ihrer Lebensgrundlagen inmitten einer globalisierten Welt, die oft andere Prioritäten setzt.

Gesundheitliche Herausforderungen und ihre Auswirkungen auf die indigenen Völker im historischen Kontext der Globalisierung: Die Geschichte der Begegnung zwischen indigenen Völkern und Außenstehenden ist oft tragisch und von tiefgreifenden gesundheitlichen Herausforderungen geprägt. Als Europäer erstmals auf den amerikanischen Kontinent kamen, brachten sie nicht nur ihre Technologie, Kultur und Religion mit, sondern auch eine Reihe von Krankheiten, gegen die die indigenen Völker keine natürliche Immunität entwickelt hatten.

Krankheiten wie Pocken, Masern, Grippe und Tuberkulose, die in Europa und Asien weit verbreitet waren, erwiesen sich für die indigenen Gemeinschaften Amerikas als verheerend. Ohne vorherigen Kontakt zu diesen Krankheiten und in Ermangelung geeigneter medizinischer Kenntnisse oder Therapien, litten diese Gemeinschaften unter epidemischen Ausbrüchen, die ihre Bevölkerung dezimierten. Einige Schätzungen deuten darauf hin, dass in den Jahrzehnten nach dem Kontakt mit den Europäern bis zu 90% der indigenen Bevölkerung Amerikas an diesen eingeschleppten Krankheiten starb.

Aber es waren nicht nur die direkten Auswirkungen der Krankheiten, die diese Völker beeinträchtigten. Die hohe Sterblichkeitsrate führte zu sozialen, kulturellen und politischen Störungen. Traditionelle Wissenssysteme wurden unterbrochen, da Älteste und Wissenshüter starben, bevor sie ihre Kenntnisse und Traditionen an die jüngere Generation weitergeben konnten. Soziale Hierarchien und Strukturen wurden umgeworfen, da ganze Führungsgruppen ausgelöscht wurden. Darüber hinaus wurden indigene Gemeinschaften durch die dezimierenden Auswirkungen dieser Krankheiten oft schwächer und anfälliger für europäische Eroberungen und Kolonisierungsbemühungen. Im Kontext der fortschreitenden Globalisierung verstärkten sich die gesundheitlichen Herausforderungen weiter. Der verstärkte Kontakt mit Außenstehenden durch Handel, Tourismus und andere Formen des kulturellen Austauschs brachte neue Krankheitsrisiken mit sich. Gleichzeitig führten soziale Veränderungen und der Verlust des traditionellen Territoriums zu Ernährungsumstellungen, erhöhten Stresslevеln und einem Anstieg chronischer Krankheiten wie Diabetes und Herz-Kreislauf-Erkrankungen in vielen indigenen Gemeinschaften.

Die Geschichte der gesundheitlichen Herausforderungen und ihrer Auswirkungen auf indigene Völker ist daher ein eindringliches Beispiel für die oft unbeabsichtigten und katastrophalen Folgen der Globalisierung und des Kulturaustauschs. Es ist eine Erinnerung daran, wie wichtig es ist, die Rechte und das Wohlergehen indigener Völker in einer immer stärker vernetzten Welt zu schützen und zu fördern.

Identität in einer globalisierten Welt

Die politische Organisation der Samen und Ureinwohner des Amazonas:

In einer immer stärker vernetzten Welt, in der kulturelle Grenzen verschwimmen und wirtschaftliche sowie politische Mächte die Landschaft prägen, stehen indigene Völker wie die Samen in Nordeuropa und die Ureinwohner des Amazonas vor besonderen Herausforderungen, wenn es darum geht, ihre Identität zu bewahren und ihre Rechte zu vertreten.

Die Samen, traditionelle Bewohner der arktischen Gebiete von Norwegen, Schweden, Finnland und Russland, sind ein Beispiel für eine indigene Gruppe, die trotz äußerer Drücke ihre kulturelle und politische Identität erfolgreich geschützt hat. Mit der Gründung des Samischen Rates, einer Organisation, die sich für die Rechte der Samen einsetzt, konnten sie sich politisch organisieren. Dieser Rat ermöglichte den Samen, kollektiv zu handeln, ihre Anliegen vor den nationalen Regierungen zu vertreten und sich auf internationaler Ebene Gehör zu verschaffen.

Im Gegensatz dazu stellt die riesige und vielfältige Region des Amazonas, die mehrere Länder umspannt, eine völlig andere politische Landschaft dar. Die Ureinwohner dieses riesigen Gebiets, das Hunderte von verschiedenen ethnischen Gruppen beherbergt, haben es schwerer gefunden, eine kohärente und einheitliche politische Stimme zu entwickeln. Dies ist zum Teil auf die schiere Größe und Vielfalt der Region zurückzuführen. Jede Gruppe hat ihre eigenen Traditionen, Sprachen und sozialen Strukturen, die es schwierig machen, eine zentrale Vertretung zu bilden. Dennoch gibt es Bestrebungen, grenzüberschreitende Allianzen und Koalitionen zu schaffen, die sich für den Schutz des Regenwaldes und die Rechte seiner Ureinwohner einsetzen.

Im Wesentlichen zeigt dieser Vergleich, dass, obwohl die spezifischen Kontexte und Herausforderungen unterschiedlich sein mögen, der Wunsch, die kulturelle Identität zu bewahren und die Rechte indigener Völker in einer globalisierten Welt zu verteidigen, universell ist. Es unterstreicht auch die Notwendigkeit, die jeweiligen Geschichten, Kämpfe und Triumphe dieser Gruppen zu würdigen, während wir versuchen, eine inklusivere und gerechtere Welt zu schaffen.

Der Umgang mit moderner Technologie bei den Samen und den Ureinwohnern des Amazonas:

Die rasante Entwicklung und Ausbreitung moderner Technologien hat weltweit sowohl Chancen als auch Herausforderungen für indigene Gemeinschaften geschaffen. Eine interessante Untersuchung dieser Dynamik findet sich im Vergleich zwischen den Samen in Nordeuropa und den Ureinwohnern des Amazonas.

Die Samen haben einen proaktiven Ansatz zur Integration digitaler Technologien verfolgt, um ihre Kultur zu stärken und ihre Geschichten einem breiteren Publikum zu präsentieren. Digitale Plattformen, soziale Medien und Online-Rundfunkdienste werden genutzt, um samische Musik, Kunst und Literatur zu verbreiten. Junge Samen haben oft eine Schlüsselrolle bei der Nutzung dieser Technologien gespielt. Es hat sich gezeigt, dass sie sowohl die traditionelle Kultur als auch das moderne Medium wertschätzen. Ein solches Vorgehen hat es ihnen ermöglicht, ihre Authentizität zu bewahren, während sie gleichzeitig ein breiteres Publikum erreichen.

Auf der anderen Seite steht das Amazonasgebiet, ein riesiges und vielfältiges Territorium, das zahlreiche indigene Gemeinschaften beherbergt. Hier hat die Einführung moderner Technologien oft eine zweischneidige Schwertfunktion. Während Technologie die Kommunikation und den Austausch zwischen entfernten Gemeinschaften ermöglichen kann und Werkzeuge zur Überwachung und zum Schutz ihres Territoriums bereitstellt, hat sie oft auch unerwünschte negative Konsequenzen. Das Eindringen von Technologie, insbesondere wenn es von außen aufgedrängt oder ohne Berücksichtigung kultureller Praktiken eingeführt wird, kann als Symbol des kulturellen Verlusts oder sogar des Ausverkaufs wahrgenommen werden. Beispielsweise kann der Bau von Mobilfunkmasten oder die Einführung von Internet in bestimmten Gebieten die traditionelle Lebensweise untergraben oder die Umwelt schädigen.

Daher, obwohl beide Gruppen vor der Herausforderung stehen, ihre Identität in einer sich ständig verändernden Welt zu bewahren, zeigen die Unterschiede in ihrem Umgang mit Technologie die verschiedenen Pfade, die sie beschreiten. Die Samen haben Technologie als Werkzeug zur Verstärkung ihrer Kultur und zur Erreichung eines globalen Publikums gesehen. Im Gegensatz dazu kämpfen die Ureinwohner des Amazonas mit den oft widersprüchlichen Auswirkungen, die Technologie auf ihre Gemeinschaften hat, und suchen nach Wegen, sie so zu nutzen, dass sie ihre traditionelle Lebensweise und ihr kulturelles Erbe unterstützt.

Umweltauswirkungen auf die Samen und die Ureinwohner des Amazonas:

Die Auswirkungen des globalen Wandels und der Umweltzerstörung sind überall auf der Welt spürbar, doch indigene Gemeinschaften, wie die Samen und die Ureinwohner des Amazonas, sind besonders anfällig. Ein Vergleich ihrer Erfahrungen beleuchtet sowohl die Unterschiede in den Auswirkungen als auch die gemeinsamen Herausforderungen, denen sie gegenüberstehen.

Die Samen leben in den arktischen und subarktischen Regionen Nordeuropas. Ihre traditionelle Lebensweise, die sich insbesondere auf die Rentierhaltung konzentriert, ist stark von den saisonalen Zyklen und dem Zustand der natürlichen Umwelt abhängig. Mit dem Klimawandel erleben die Samen bereits spürbare Veränderungen in ihren Territorien. Wärmer werdende Temperaturen, veränderte Schneeverhältnisse und das Auftauen von Permafrost haben direkte Auswirkungen auf die Rentierzucht und somit auf die wirtschaftliche und kulturelle Lebensweise der Samen. Auch wenn diese Veränderungen gravierend sind, ermöglicht die relative Unberührtheit ihrer Heimatregionen eine gewisse Anpassungsfähigkeit und Flexibilität.

Dagegen stehen die Ureinwohner des Amazonas vor einer umfassenderen und direkteren Zerstörung ihrer Lebensgrundlagen durch Entwaldung. Die Entwaldung, vorangetrieben durch Landwirtschaft, Bergbau, Holzeinschlag und Infrastrukturentwicklung, hat gigantische Ausmaße angenommen. Ganze Waldflächen werden gerodet, was nicht nur den Lebensraum vieler Tiere und Pflanzen zerstört, sondern auch das traditionelle Territorium und die Ressourcenbasis der indigenen Bevölkerung. Diese Entwaldung zerstört nicht nur ihre physische Umgebung, sondern untergräbt auch tief verwurzelte kulturelle Praktiken, Rituale und Traditionen, die mit dem Wald verbunden sind.

Beide Gemeinschaften stehen also vor erheblichen umweltbedingten Herausforderungen, doch die direkte und oft gewaltsame Entwaldung im Amazonas hat zerstörerischere und unmittelbare Konsequenzen. Während die Samen möglicherweise Zeit und Raum haben, sich anzupassen und ihre traditionellen Praktiken zu modifizieren, kämpfen die Ureinwohner des Amazonas gegen einen direkten, von Menschen verursachten Eingriff, der ihre Lebensweise und ihre kulturelle Identität radikal bedroht.

Die Notwendigkeit, auf diese Umweltauswirkungen zu reagieren und Lösungen zu finden, bringt auch die Frage nach der politischen Macht, den Ressourcen und der Fähigkeit dieser Gemeinschaften, ihre Interessen und Rechte auf nationaler und internationaler Ebene zu vertreten, mit sich. In einer globalisierten Welt sind diese Umweltauswirkungen ein Spiegelbild der komplexen Interaktionen zwischen lokalen Traditionen, nationalen Interessen und globalen Kräften.

Externe Einflüsse auf die Samen und die Ureinwohner des Amazonas:

In der globalisierten Welt des 21. Jahrhunderts haben sich externe Einflüsse als eine der stärksten treibenden Kräfte für Veränderungen in indigenen Gemeinschaften herausgestellt. Die Art und Weise, wie diese Gemeinschaften mit diesen Einflüssen umgehen, gibt Aufschluss über ihre Widerstandsfähigkeit, ihre Anpassungsfähigkeit und ihre Identität. Bei einem Vergleich der Erfahrungen der Samen und der Ureinwohner des Amazonas wird deutlich, dass, obwohl beide Gruppen externe Drücke spüren, die Art und das Ausmaß dieser Einflüsse sowie die Reaktionen darauf stark variieren.

Die Samen, traditionelle Bewohner des arktischen und subarktischen Europa, haben im Laufe der Jahrhunderte eine Reihe von externen Einflüssen erfahren, insbesondere durch nordeuropäische Staaten. Viele dieser Einflüsse waren Versuche, die Samen zu assimilieren, ihre Kultur zu erodieren und sie in die größere nationale Identität zu integrieren. Dazu gehörten Bildungsprogramme, Religionswechsel und Wirtschaftspolitiken. Doch in jüngerer Zeit haben die Samen auch von positiven externen Einflüssen profitiert, insbesondere durch Unterstützung bei der Bewahrung ihrer Kultur, Sprache und Traditionen und durch internationale Anerkennung ihrer Rechte.

Im Gegensatz dazu haben die Ureinwohner des Amazonas, die in einem der artenreichsten und ökologisch wichtigsten Gebiete der Welt leben, eine viel direktere Konfrontation mit externen Kräften erlebt. Der Amazonasregenwald zieht weltweit Wirtschaftsinteressen an. Diese Interessen – sei es Bergbau, Holzeinschlag, Landwirtschaft oder Ölförderung – haben oft drastische Auswirkungen auf die traditionellen Lebensweisen der indigenen Völker. Hinzu kommt der Druck nationaler Regierungen, die den Amazonas als Ressource für die nationale Entwicklung betrachten. Diese Kombination aus wirtschaftlichen und politischen Kräften hat oft zu Landraub, gewaltsamen Konflikten und gravierenden sozialen Veränderungen geführt.

Es ist klar, dass, obwohl beide Gemeinschaften unter dem Einfluss externer Kräfte stehen, die Intensität, Art und unmittelbaren Auswirkungen dieser Kräfte im Amazonas viel direkter und zerstörerischer sind. Dies stellt die Amazonas-Ureinwohner vor einzigartige und dringende Herausforderungen bei der Bewahrung ihrer Kultur, ihres Landes und ihrer Identität. Während die Samen durch ihre lange Geschichte des Engagements mit externen Kräften Strategien und Mechanismen entwickelt haben, um ihre Identität zu bewahren und sogar zu stärken, stehen die Ureinwohner des Amazonas vor dem dringenden Bedarf, sowohl auf individueller als auch auf kollektiver Ebene Lösungen zu finden. In beiden Fällen jedoch veranschaulicht die Dynamik zwischen internen und externen Kräften die Komplexität und Widerstandsfähigkeit indigener Identitäten in einer sich ständig verändernden globalen Landschaft.

Staatliche Politik und deren Einfluss auf die kulturelle Identität

Eine Analyse:

In der Diskussion über die konstitutiven Elemente einer Nation nimmt das Zusammenspiel von staatlicher Politik und kultureller Identität eine zentrale Position ein. Die kulturelle Identität – ein vielgestaltiges und oft kontrovers diskutiertes Phänomen – ist tief in den kollektiven Erinnerungen, Überlieferungen, Sprachformen und Alltagspraktiken einer Gemeinschaft verankert. Die Rolle, die die staatliche Politik in der Gestaltung, Erhaltung und manchmal sogar in der Erosion dieser Identität spielt, ist von unschätzbarem Wert und Komplexität.

Beginnend mit einer historisch-kritischen Perspektive haben Staaten über Zeitalter hinweg versucht, eine homogene nationale Identität zu schaffen, um ihre Legitimität zu festigen und sozialen Zusammenhalt zu fördern. Dies manifestiert sich in diversen Strategien: von der Festlegung von Amtssprachen, über die Kontrolle oder Förderung von Bildungsinhalten, bis hin zur Institutionalisierung von nationalen Feierlichkeiten und Ritualen.

Die Sprachpolitik eines Staates, beispielsweise, ist nicht nur ein funktionales Instrument zur Kommunikation, sondern auch ein machtvoller Hebel, um kulturelle Zugehörigkeiten und Ausschlüsse zu definieren. Indem bestimmte Sprachen privilegiert, gefördert oder gar institutionalisiert werden, während andere marginalisiert oder ignoriert werden, moduliert die staatliche Politik den kulturellen Raum und formt die Identitätsdiskurse der Bürger.

Ebenso kann die Bildungspolitik eines Staates als Instrument der kulturellen Prägung betrachtet werden. Welche Geschichten werden erzählt und welche werden verschwiegen? Welche Helden werden gefeiert und welche Ereignisse werden betont? Die Antworten auf diese Fragen beeinflussen maßgeblich die kulturelle Identität der nachfolgenden Generationen.

Doch diese Dynamik ist keineswegs einseitig. Während die staatliche Politik zweifellos die Fähigkeit besitzt, kulturelle Identitätsformen zu beeinflussen, werden politische Entscheidungen und Strategien selbst durch vorherrschende kulturelle Normen, Werte und Überzeugungen beeinflusst. Traditionelle Vorstellungen, religiöse Glaubenssätze und tief verwurzelte kulturelle Praktiken können den Rahmen politischer Entscheidungen ebenso bestimmen.

Abschließend lässt sich sagen, dass die Beziehung zwischen staatlicher Politik und kultureller Identität in ihrer Tiefe und Vielschichtigkeit einen Kernaspekt der Dynamik eines jeden Gemeinwesens darstellt. Es ist eine dialektische Beziehung, in der Politik und Kultur sich gegenseitig beeinflussen, formen und reflektieren. Ein tieferes Verständnis dieser Wechselwirkung ist essentiell, um die subtilen Kräfte zu erfassen, die die kollektive Psyche einer Gesellschaft prägen.

Die Rolle internationaler Organisationen und Abkommen im Kontext von Politik und kultureller Identität:

In der globalisierten Welt des 21. Jahrhunderts, in der nationale Grenzen sowohl physisch als auch metaphorisch durchlässiger geworden sind, spielen internationale Organisationen und Abkommen eine entscheidende Rolle bei der Formulierung und Vermittlung politischer und kultureller Identitätskonzepte. Sie agieren als Bindeglieder zwischen nationalstaatlichen Interessen und globalen Imperativen und beeinflussen somit sowohl den Diskurs als auch die Praktiken im Spannungsfeld von Politik und kulturidentitären Fragestellungen.

Internationale Organisationen, wie die Vereinten Nationen, die Weltbank oder die Weltgesundheitsorganisation, sind keineswegs neutrale Akteure in diesem Kontext. Sie verkörpern bestimmte Ideologien, Normen und Werte, die oft universelle Gültigkeitsansprüche stellen. Ihre Politiken, Empfehlungen und Projekte können – direkt oder indirekt – die kulturelle Dynamik in den Mitgliedsstaaten beeinflussen. Sie fördern oft einen Dialog zwischen Kulturen, können jedoch ebenso dazu beitragen, bestimmte kulturelle Normen und Praktiken zu marginalisieren oder zu privilegieren.

Ein eindrückliches Beispiel hierfür ist das UNESCO-Weltkulturerbeprogramm. Während es zum Ziel hat, kulturelles und natürliches Erbe von außergewöhnlichem universellem Wert zu identifizieren und zu schützen, impliziert die Auswahl und Anerkennung solcher Stätten auch eine hierarchische Bewertung kultureller Bedeutungen. Somit wird, zumindest implizit, Einfluss auf nationale und lokale kulturelle Identitätsdiskurse genommen. Abkommen, wie das Übereinkommen über die biologische Vielfalt oder verschiedene Menschenrechtsabkommen, können ebenfalls erheblichen Einfluss auf kulturelle Identitäten ausüben. Sie versuchen, globale Standards und Normen festzulegen, und während sie oft mit den besten Absichten formuliert werden, können sie in Konflikt mit lokalen oder nationalen Traditionen, Praktiken und Werten stehen. Die Implementierung solcher Abkommen erfordert daher oftmals ein sorgfältiges Navigieren zwischen universellen Normen und lokaler kultureller Sensibilität. Zusätzlich zu diesen direkten Interventionen sind internationale Organisationen und Abkommen auch indirekt am Prozess der kulturellen Identitätsbildung beteiligt. Sie beeinflussen die Art und Weise, wie Staaten sich selbst auf der internationalen Bühne positionieren, wie sie ihre nationale Geschichte erzählen und wie sie ihre kulturelle Einzigartigkeit gegenüber anderen Staaten artikulieren.

Zusammenfassend lässt sich sagen, dass internationale Organisationen und Abkommen nicht nur Instrumente der Diplomatie und globalen Kooperation sind, sondern auch entscheidende Akteure im fortwährenden Prozess der kulturellen Identitätskonstruktion und -vermittlung. Die Art und Weise, wie sie in die kulturelle Landschaft eingreifen, sollte daher stets mit einem kritischen und reflexiven Auge betrachtet werden.

Zukunftsperspektiven kultureller Identität in der globalisierten Ära:

Die rasante Globalisierung, die das 21. Jahrhundert prägt, zwingt uns zur Neubetrachtung der kulturellen Identität und ihrer möglichen Trajektorien. Die Frage, wie sich kulturelle Identitäten in diesem globalen Kontext entwickeln werden, ist von brennender Relevanz und zieht eine Fülle von Überlegungen nach sich, die das Zusammenspiel verschiedener, komplexer Kräfte beleuchten.

Eine der intensivsten Befürchtungen ist die potenzielle Homogenisierung kultureller Identitäten. Angesichts der ubiquitären Präsenz globaler Medien und Konsumgewohnheiten könnte man vermuten, dass lokale kulturelle Unterscheidungsmerkmale im Sog einer dominierenden

Weltkultur verblassen könnten. Dieses Bild einer Einheitskultur, geprägt durch globalisierte Marken, Musik und Medien, erweckt die Sorge, dass die weltweite kulturelle Diversität, ähnlich der Biodiversität, einer Erosion unterworfen sein könnte.

Jedoch beinhaltet die Globalisierung nicht nur das Risiko der Uniformität. Tatsächlich könnte sie als Katalysator für die Revitalisierung lokaler Kulturen dienen. In einem scheinbar paradoxen Phänomen könnten sich Menschen, inmitten eines globalen Kulturozeans, stärker ihren eigenen, lokalen oder ethnischen Wurzeln zuwenden. Die erzwungene Konfrontation mit globalen Normen und Werten könnte in vielen das Bedürfnis wecken, die Einzigartigkeit ihrer eigenen kulturellen Identität zu betonen und zu bewahren.

Weiterhin könnte man argumentieren, dass die Globalisierung, angetrieben durch Migration und digitale Vernetzung, zu einer Verschmelzung und Neuschaffung von kulturellen Identitäten führt. Aus der Interaktion verschiedener Kulturen könnten hybride Formen entstehen, die sowohl lokale als auch globale Elemente in sich vereinen – eine Art kultureller Synthese, die die Grenzen traditioneller Identitäten verwischt.

Doch gibt es auch düstere Prognosen. In einer Welt, in der Informationsflüsse oft durch Algorithmen gesteuert werden, die Echokammern schaffen, könnten kulturelle Identitäten polarisieren. Gruppen könnten sich in ihren jeweiligen kulturellen Enklaven verfestigen und eine verstärkte Fragmentierung oder sogar Konflikte zwischen verschiedenen kulturellen Identitäten könnten sich intensivieren.

In der Gesamtschau wird deutlich, dass die kulturelle Identität in einer globalisierten Welt weder starr noch vorhersehbar ist. Sie wird dynamisch, mehrschichtig und interaktiv sein, ständig im Fluss, geformt durch das stetige Zusammenspiel globaler und lokaler Kräfte. Es liegt in unserer Hand, diese Entwicklung zu navigieren, mit dem Ziel, die Reichtümer der kulturellen Vielfalt für zukünftige Generationen zu bewahren und zu bereichern.

Empfehlungen für Gemeinschaften zur Bewahrung kultureller Identität in der globalisierten Ära:

Die facettenreiche Globalisierung des 21. Jahrhunderts, geprägt durch Vernetzung, Digitalisierung und Kommerzialisierung, hat die herkömmlichen Konzepte von Zeit und Raum umgestaltet. Dieser Wandel erfasst auch die Intimität kultureller Identitäten, die seit jeher als Orientierungspunkte für individuelle und kollektive Selbstverständnisse gedient haben. Wie können Gemeinschaften in dieser fluktuierenden Landschaft ihre kulturelle Identität wahren und fördern? Der nachstehende Essay präsentiert diesbezügliche Empfehlungen.

Zunächst ist das Bewusstsein für die Relevanz und Unverwechselbarkeit der eigenen Geschichte und Tradition unabdingbar. Die Verankerung im Wissen um die eigene Historizität bildet den Grundpfeiler jedweder kultureller Identität. Dieses Bewusstsein ist jedoch nicht nur eine passive Erkenntnis, sondern sollte aktiv gepflegt werden. Es verlangt von Gemeinschaften, kontinuierlich den Wert ihrer kulturellen Wurzeln in Erziehung und Bildung zu integrieren, um so eine nachhaltige Übertragung auf nachfolgende Generationen sicherzustellen.

Ein weiterer essentieller Schritt ist die systematische Dokumentation und Archivierung kultureller Besonderheiten. Durch diese Methode können nicht nur wichtige kulturelle Dokumente, Rituale und Traditionen für spätere

Generationen bewahrt, sondern auch der eigene Standpunkt in der Geschichte festgehalten werden. Diese Archive, ob nun physisch als Museen und Bibliotheken oder digital in Form von Datenbanken, sollten eine Mischung aus offiziellen Darstellungen und volkskundlichen Sammlungen beinhalten. So entsteht ein umfassendes Bild einer Kultur in all ihren Facetten.

Parallel dazu sollte ein Schwerpunkt auf der Stärkung lokaler Medien und Kunstformen liegen. Die mediale Landschaft prägt maßgeblich die Wahrnehmung der Realität und bestimmt, welche Aspekte einer Kultur in den Vordergrund treten und welche marginalisiert werden. Indem Gemeinschaften lokale Filmemacher, Musiker, Autoren und andere Künstler fördern und Plattformen für ihre Arbeiten schaffen, kann eine kulturelle Erzählung von innen heraus gestärkt werden. Dies dient nicht nur der Bewahrung, sondern ermöglicht auch eine kontinuierliche Weiterentwicklung und Modernisierung kultureller Inhalte.

Doch auch die Integration neuer Technologien und globaler Plattformen kann von Vorteil sein. Anstatt sich gegen die Globalisierung zu sträuben, könnten Gemeinschaften diese nutzen, um ihre kulturelle Identität zu präsentieren und zu stärken. Durch Online-Plattformen, soziale Medien und andere digitale Ressourcen kann eine Kultur einem weltweiten Publikum vorgestellt werden, wodurch nicht nur das Bewusstsein für diese Kultur erhöht, sondern auch neue Möglichkeiten für Austausch und Zusammenarbeit geschaffen werden.

Darüber hinaus sollten Gemeinschaften den Wert interkultureller Dialoge erkennen. Anstatt sich isoliert auf die eigene Identität zu konzentrieren, kann ein Austausch mit anderen Kulturen dazu beitragen, das eigene kulturelle

Erbe besser zu verstehen, zu schätzen und sogar zu bereichern. Es entsteht eine dynamische Wechselwirkung, bei der Gemeinschaften lernen, Gemeinsamkeiten zu erkennen, Unterschiede zu respektieren und voneinander zu profitieren.

Letztlich sollte jedoch auch ein kritisches Bewusstsein für die Gefahren einer übermäßigen Kommerzialisierung und Stereotypisierung der eigenen Kultur entwickelt werden. Während es vorteilhaft sein kann, die eigene Kultur für touristische oder wirtschaftliche Zwecke zu präsentieren, besteht auch das Risiko, dass sie zu einem vereinfachten, stereotypen Bild reduziert wird. Hier ist ein ausgewogenes Herangehen vonnöten, bei dem Authentizität und Integrität gewahrt bleiben.

Abschließend bleibt festzuhalten, dass die Bewahrung der kulturellen Identität kein statisches Unterfangen ist. Es erfordert ständige Reflexion, Anpassung und Erneuerung. In einer globalisierten Welt bedeutet das nicht nur das Festhalten an Traditionen, sondern auch das Verständnis, dass Kulturen dynamische Entitäten sind, die im Laufe der Zeit wachsen und sich verändern. Mit der richtigen Mischung aus Respekt für die Vergangenheit, Engagement in der Gegenwart und Vision für die Zukunft können Gemeinschaften ihre kulturelle Identität in einer sich ständig wandelnden Welt erfolgreich bewahren und weiterentwickeln.

Eine Kleine Gute-Nacht-Geschichte als Abschluss und nicht von der KI geschrieben

Diese Geschichte hat mit Abstand am meisten Zeit eingenommen, denn sie ist für mich sehr bedeutend und es mag zwar eine Gute-Nacht-Geschichte sein, doch in ihr steckt ein wenig Wahrheit. Ich habe diese Geschichte selber geschrieben und nicht schreiben lassen!

In den weitläufigen Dschungeln von Madagaskar, wo das Grün der Blätter so dicht war, dass es den Himmel zu verschlucken schien, lebte ein kleiner Junge namens Tom. Seine Augen waren wie glitzernde Perlen, die vor Staunen funkelten, wann immer er die Schönheit der Natur um sich herum entdeckte. Jeder Baum, jeder Vogel und jeder geheimnisvolle Klang des Dschungels zog ihn in seinen Bann und weckte sein Verlangen nach Abenteuern. An seiner Seite war stets sein liebevoller Vater, ein Mann von unendlicher Geduld und tiefer Weisheit. Seine Worte waren wie sanfte Melodien, die durch den Dschungel hallten und die Geheimnisse des Lebens enthüllten. Er kannte die Geschichten der Natur, von den ersten Sonnenstrahlen des Tages bis zu den geheimnisvollen Klängen der Nacht.

An einem warmen Abend, als die Sonne sich langsam hinter den Baumwipfeln verabschiedete und der Himmel in ein Meer aus Farben getaucht wurde, beschlossen Tom und sein Vater, einen Spaziergang zu machen. Doch diesmal hatten sie sich etwas Besonderes vorgenommen - sie wollten gemeinsam einen Berg erklimmen, um von oben den Sonnenuntergang zu bewundern und den Horizont in all seiner Pracht zu sehen.

Sie schnürten ihre Wanderschuhe fest, packten einen Rucksack mit Proviant und machten sich auf den Weg. Die Sonne begann langsam hinter den Baumwipfeln zu versinken, als sie den Pfad betraten. Die goldenen Strahlen der Abenddämmerung tanzten zwischen den Blättern und tauchten den Wald in ein warmes Licht. Ein sanfter Wind strich durch ihre Haare und ließ sie das Gefühl von Freiheit und Abenteuer spüren.

Der Pfad, den sie wählten, führte sie durch dichte Wälder, in denen das Grün der Blätter so tief war, dass es den Himmel zu verschlucken schien. Die Luft war erfüllt vom süßen Duft blühender Blumen, während die Vögel ihre Abendlieder sangen. Die Bäume standen stolz und majestätisch da, als würden sie den Weg der beiden Wanderer mit stummem Respekt begleiten, ihre Äste wie offene Arme ausgestreckt, um sie willkommen zu heißen.

Auf ihrem Weg erlebten sie eine Fülle von Abenteuern. Sie trafen auf neugierige Lemuren, die von Baum zu Baum sprangen, deren bunt gefleckten Pelze im Licht der untergehenden Sonne glänzten. Exotische Tiere kreuzten ihren Weg, deren Rufe durch den Wald hallten und ihre Fantasie beflügelten. Sie bestaunten die Vielfalt der Pflanzen und Blumen, die den Weg säumten, und ließen sich von der Schönheit der Natur verzaubern, als würden sie durch ein lebendiges Gemälde wandern.

Je höher sie stiegen, desto stiller wurde die Welt um sie herum. Der Geruch von Moos und Erde erfüllte die Luft, während die letzten Sonnenstrahlen hinter den Bergspitzen verschwanden. Tom und sein Vater genossen die Stille und die Ruhe, die sie umgab, und fühlten sich eins mit der

Natur, als wären sie Teil eines größeren Ganzen, das sie mit offenen Armen empfing.

Als sie schließlich den Gipfel erreichten, bot sich ihnen ein atemberaubender Anblick. Der Himmel war in ein Feuerwerk aus Farben getaucht, die sich wie eine lebendige Leinwand über ihnen ausbreitete, während die Wolken wie zarte Pinselstriche den Horizont umrahmten. Tom konnte seinen Augen kaum trauen und fühlte, wie sein Herz vor Freude überlief. Es war, als ob die ganze Welt vor seinen Füßen lag und ihm die unendlichen Möglichkeiten des Lebens präsentierte.

Doch plötzlich bemerkte er etwas Ungewöhnliches. Hoch über ihnen, zwischen den Wolken, glitt ein kleiner Vogel elegant durch die Luft. Seine Flügel schimmerten im letzten Licht der untergehenden Sonne und sein Ruf klang wie eine Melodie, die die Stille durchbrach. Tom beobachtete fasziniert, wie der Vogel scheinbar mühelos durch die Lüfte segelte, frei von den Fesseln der Erde.

„Vater“, rief Tom aufgeregt aus, „sieh nur, wie hoch dieser Vogel fliegt! Warum kann ich nicht auch so frei sein wie er? Warum muss ich immer auf dem Boden bleiben?“ Seine Augen leuchteten voller Sehnsucht, während er dem eleganten Tanz des Vogels am Himmel folgte. Es war, als ob er plötzlich das Verlangen verspürte, die Grenzen seiner Welt zu durchbrechen und die Freiheit der Lüfte zu erleben.

Das Sonnenlicht malte goldene Streifen auf den grünen Teppich des Waldes, als sich der Hase aus dem Dickicht schlängelte und sich zu ihnen gesellte. Seine Augen waren wie funkelnde Sterne in der Dunkelheit und sein flauschiges Fell schimmerte im sanften Licht des Abendrots. Ein Hauch von Weisheit lag in seinem Blick, als er zu sprechen begann, seine Worte wie das leise Flüstern des Windes, das die Blätter zum Tanzen brachte.

„Das Leben ist eine Reise, eine Reise durch Zeit und Raum, eine Reise zu den verborgenen Gipfeln unserer Träume", begann der Hase, seine Stimme sanft und melodisch. „Wir wandern durch Täler der Dunkelheit und besteigen Berge des Glücks. Doch auf dieser Reise ist es nicht nur wichtig, den Horizont zu erreichen, sondern auch, den Weg dorthin zu genießen."

Sein Vater lächelte, während er neben Tom kniete, und legte eine Hand auf dessen Schulter. „Das ist wahr, mein Sohn", sagte er mit ruhiger Stimme. „Manchmal sehnen wir uns danach, höher hinaufzusteigen, um die Welt von oben zu betrachten. Aber vergessen wir dabei nicht, die Schönheit zu schätzen, die sich uns auf unserem Weg bietet."

Der Hase nickte bedächtig, seine Ohren zuckten leicht. „Es sind die kleinen Wunder am Wegesrand, die das Leben so kostbar machen", fuhr er fort, seine Worte wie ein sanfter Fluss, der die Herzen berührte. „Die Blumen, die im Wind tanzen, die Vögel, die ihre Lieder singen, die Sonnenstrahlen, die durch das Blätterdach brechen - all diese kleinen Schätze sind es, die uns daran erinnern, dass das Glück nicht nur am Ende des Weges liegt, sondern in jedem Schritt, den wir tun."

Tom lauschte den Worten des Hasen, während sein Blick über die schattigen Baumkronen schweifte, die den Himmel zu berühren schienen. Er spürte die Weisheit in den Worten des kleinen Geschöpfs und erkannte die Wahrheit in ihnen. Denn oft hatte er sich danach gesehnt, höher hinaufzusteigen, um den Horizont zu erblicken, doch nun erkannte er, dass die Schönheit des Lebens nicht nur dort zu finden war, sondern in jedem Moment, den er erlebte.

Die Dämmerung legte sich wie ein zarter Schleier über den Wald, und die Sterne begannen am Himmel zu tanzen.

Tom und sein Vater saßen still da, umgeben von der Stille der Natur und den weisen Worten des Hasen. Und während die Nacht langsam hereinbrach und die Dunkelheit sie umhüllte, spürten sie die Magie des Augenblicks, in dem sie sich eins fühlten mit allem, was sie umgab.

Die Zeit verging wie im Fluge, und die Nacht breitete ihre dunklen Schleier über den Wald aus. Doch inmitten der Stille und der Dunkelheit entfaltete sich eine Welt voller Leben und Wunder. Die Geräusche des Waldes nahmen zu, als die Nacht erwachte, und die Stimmen der Tiere füllten die Luft mit einem magischen Klangteppich.

Tom und sein Vater saßen immer noch da, ihre Gedanken in die unendlichen Weiten des Universums versunken. Sie spürten die Präsenz des Lebens um sich herum, die pulsierende Energie, die alles durchdrang. Und während sie den Sternen am Himmel zusahen, fühlten sie sich eins mit dem Universum, Teil eines größeren Ganzen, das sie nicht verstehen konnten, aber das sie in seiner Schönheit und seinem Geheimnis ehrten.

Der Hase neben ihnen schwieg nun, sein ruhiges Atmen verriet jedoch, dass er noch wach war. Die Nacht war sein Reich, und er bewegte sich darin wie ein Schatten, unsichtbar und doch allgegenwärtig. Seine Augen glänzten im Dunkeln, und sein Fell verschmolz mit den Schatten des Waldes, während er still und aufmerksam die Geräusche um sich herum lauschte.

Dann, aus der Ferne, erklang ein leises Rascheln, gefolgt von einem leisen Knacken. Tom und sein Vater hoben den Blick und sahen eine Gestalt aus dem Dunkel auftauchen. Es war ein anderer Hase, der langsam näher kam und sich zu ihnen gesellte. Sein Fell war von einem dunkleren grau, und seine Augen glänzten wie Smaragde im schwachen

Licht der Sterne. Er hatte eine ruhige Ausstrahlung, die von tiefer Weisheit und Erfahrung zeugte.

„Verzeiht, dass ich störe", begann der neue Hase mit einer leisen, melodischen Stimme. „Aber ich konnte eure Worte hören und spürte das Bedürfnis, mich euch anzuschließen." Sein Blick glitt von Tom zu seinem Vater und dann zum ersten Hasen, der ruhig neben ihnen saß.

„Wir heißen dich willkommen, mein Freund", antwortete Toms Vater freundlich. „Was führt dich in diese stille Nacht?"

Der neue Hase lächelte sanft. „Ich bin hier, um euch eine Geschichte zu erzählen", sagte er, seine Worte wie ein leises Echo, das durch den Wald hallte. „Eine Geschichte über die Sehnsucht nach den Sternen und die unendliche Weite des Universums."

Tom und sein Vater lauschten gespannt, als der Hase zu erzählen begann. Seine Stimme war sanft und melodisch und seine Worte trugen sie auf eine Reise durch Raum und Zeit. Er erzählte von fernen Galaxien und leuchtenden Sternen, von Planeten, die um ferne Sonnen kreisten, und von den Geheimnissen des Universums, die noch darauf warteten, entdeckt zu werden. „Das Universum ist unendlich und voller Geheimnisse", fuhr der Hase fort, als er seine Geschichte beendete. „Es gibt so viel zu entdecken und zu erforschen, so viele Fragen, die noch unbeantwortet sind. Doch solange wir den Mut haben, uns auf die Reise zu begeben und unsere Träume zu verfolgen, werden wir immer neue Horizonte entdecken."

Tom und sein Vater sahen sich an, ihre Gedanken in die unendlichen Weiten des Universums versunken. Sie spürten die Sehnsucht in ihren Herzen, die Sehnsucht nach Abenteuern und Entdeckungen, die sie weit über die Grenzen ihres kleinen Dorfes hinausführen würden. Und während sie dem Hasen dankten und sich auf den Weg zurück in ihre Hütte machten, wussten sie, dass diese Nacht ihnen eine neue Perspektive geschenkt hatte, eine Perspektive voller Hoffnung und Möglichkeiten.

Die Nacht senkte sich über den Wald, und die Geräusche der Natur verstummten langsam. Doch in den Herzen von Tom und seinem Vater brannte die Flamme des Abenteuers heller denn je. Sie ließen sich von den Worten des Hasen inspirieren und träumten von den unendlichen Weiten des Universums, die nur darauf warteten, erkundet zu werden.

Als sie ihre Hütte am Strand erreichten, entfachten sie ein kleines Feuer und setzten sich davor, um die Wärme zu genießen und ihre Gedanken zu ordnen. Die Flammen tanzten im sanften Schein des Feuers, und der Rauch stieg in kleinen Spiralen zum Himmel empor. Es war, als ob das Feuer ihre Träume und Hoffnungen in den Nachthimmel tragen würde, weit über die Sterne hinaus.

„Was denkst du, Tom?“ fragte sein Vater, als er in die Flammen starrte und sein Gesicht im warmen Licht des Feuers glühte. „Glaubst du, dass wir eines Tages zu den Sternen reisen werden?“

Tom zögerte einen Moment, bevor er antwortete:

„Ja, Vater“, begann Tom langsam, seine Stimme kaum mehr als ein Flüstern im nächtlichen Wind. „Ich glaube daran, dass wir eines Tages die Sterne erreichen werden.“ Seine Worte waren ein zartes Versprechen, das in der Dunkelheit der Nacht widerhallte und sich in den Schatten der Bäume verlor. „Denn solange wir träumen und unsere Träume verfolgen, gibt es keine Grenzen für das, was wir erreichen können.“

Seine Gedanken begannen zu wandern und mit jedem Wort, das er aussprach, fühlte er eine neue Energie in sich aufkeimen, eine Energie, die ihn dazu antrieb, größer zu denken und weiter zu träumen. „Wir mögen nur Menschen sein, Vater, aber in unseren Herzen tragen wir die Sterne. Und wenn wir den Mut haben, ihnen zu folgen, werden wir unsere eigene Galaxie erschaffen."

Seine Stimme wurde lauter, seine Worte kraftvoller, als er fortfuhr: „Wir werden den Himmel erobern und die Grenzen des Universums erkunden. Wir werden neue Welten entdecken und uns in den unendlichen Weiten verlieren. Denn solange wir an uns glauben und gemeinsam voranschreiten, gibt es keine Grenzen für das, was wir erreichen können."

Die Dunkelheit um sie herum schien zu schwinden, als Tom sich in seinen Träumen verlor, in den unendlichen Möglichkeiten, die vor ihnen lagen. „Wir werden uns nicht von den Sternen fürchten, Vater, sondern uns von ihrer Schönheit und ihrem Geheimnis bezaubern lassen. Wir werden dem Ruf des Universums folgen und unsere eigene Bestimmung finden." Seine Worte waren ein Versprechen, das er sich selbst und seinem Vater gab, ein Versprechen, das er fest in seinem Herzen trug. „Wir werden die Sterne erreichen, Vater, und unsere Träume werden die Lichter am dunklen Himmel sein. Wir werden der Welt zeigen, dass nichts unmöglich ist, solange man den Mut hat zu träumen."

Er sprach weiter, sein Geist von Begeisterung und Leidenschaft erfüllt, während er von den Abenteuern träumte, die vor ihnen lagen. „Wir werden uns den Herausforderungen stellen und die Hindernisse überwinden, die sich uns in den Weg stellen. Wir werden uns nicht von Zweifeln und

Ängsten zurückhalten lassen, sondern unseren eigenen Weg gehen und unser Schicksal in die Hand nehmen."

Seine Stimme hallte durch die Nacht, ein Echo seiner Träume und Hoffnungen, die sich im Dunkel der Bäume verloren. „Wir werden die Sterne erreichen, Vater, und die Welt wird uns zu Füßen liegen. Wir werden die Zukunft gestalten und ein Vermächtnis hinterlassen, das über die Grenzen der Zeit hinausreicht."

Er schwieg einen Moment, während seine Gedanken in die unendlichen Weiten des Universums wanderten. „Wir werden die Sterne erreichen, Vater, und die Sterne werden unsere Geschichte erzählen. Denn solange wir träumen und gemeinsam voranschreiten, gibt es nichts, was uns aufhalten kann."

Seine Worte waren ein Versprechen an die Zukunft, ein Versprechen, das er voller Hoffnung und Zuversicht aussprach. "Wir werden die Sterne erreichen, Vater, und wir werden für immer in ihrem Licht leuchten. Denn solange wir an uns glauben und unseren Träumen folgen, gibt es keine Grenzen für das, was wir erreichen können."

Und mit diesen Worten ließ er seinen Träumen freien Lauf, während er sich dem unendlichen Universum öffnete und die Sterne über sich leuchten sah, als Tom weitersprach, seine Worte von einem Funken Hoffnung und Entschlossenheit durchdrungen. Doch plötzlich spürte er, wie die Emotionen in ihm hochkochten und sich in seinem Herzen zu einem Sturm der Gefühle formten. Seine Stimme brach, und er fühlte, wie ihm die Tränen in die Augen stiegen.

„Vater", flüsterte er, seine Stimme von einem Hauch der Verletzlichkeit durchdrungen. „Es ist so viel, was ich fühle. Diese Sehnsucht nach den Sternen, dieser unstillbare

Hunger nach Abenteuer und Erkenntnis... Es überwältigt mich, wie ein reißender Strom, der mich mitreißt und zugleich erfüllt."

Sein Vater legte sanft eine Hand auf seine Schulter und nickte verständnisvoll. „Es ist in Ordnung, mein Sohn", antwortete er leise, seine Stimme ein Echo der Wärme und des Trostes. „Manchmal ist es gut, die Tränen fließen zu lassen, um Platz für neue Hoffnung und neuen Mut zu schaffen. Denn in unseren Tränen liegt die Kraft, die uns antreibt, unsere Träume zu verwirklichen."

Tom spürte die beruhigende Präsenz seines Vaters und ließ sich von seiner Nähe umarmen. Die Tränen flossen über seine Wangen, reinigend und befreiend, und er fühlte, wie eine Last von seinen Schultern abfiel. Es war, als ob er sich zum ersten Mal vollkommen frei fühlte, frei von Zweifeln und Ängsten, bereit, den Herausforderungen des Lebens mit offenem Herzen zu begegnen.

„Ich habe solche Angst, Vater", gestand Tom schließlich, seine Stimme ein leises Flüstern in der Dunkelheit. „Angst davor, zu scheitern, Angst davor, nicht gut genug zu sein, Angst davor, den falschen Weg zu gehen... Aber gleichzeitig spüre ich eine unbändige Kraft in mir, eine Kraft, die mich dazu antreibt, weiterzumachen, egal wie schwer es auch sein mag."

Sein Vater drückte ihn fester an sich und flüsterte ihm liebevoll ins Ohr: „Die Angst ist ein Teil des Lebens, mein Sohn, genau wie die Hoffnung und die Liebe. Aber sie darf uns nicht lähmen oder zurückhalten. Wir müssen lernen, mit ihr zu leben, sie anzunehmen und sie zu überwinden. Denn nur so können wir wachsen und uns weiterentwickeln."

Tom spürte die Wahrheit in den Worten seines Vaters und nickte langsam. „Ja, Vater", sagte er entschlossen, seine

Stimme fest und klar. „Ich werde meine Ängste überwinden und meinen Träumen folgen, egal wohin sie mich führen mögen. Denn ich weiß, dass auf der anderen Seite des Zweifels die Erfüllung meiner größten Träume wartet."

Die Sterne leuchteten über ihnen, ihre glitzernden Lichter wie ein Versprechen einer besseren Zukunft. Tom und sein Vater standen Seite an Seite, gestärkt durch ihre Liebe zueinander und ihren unerschütterlichen Glauben an das Unmögliche. Denn in diesem Moment wussten sie, dass nichts sie aufhalten konnte, solange sie zusammenhielten und aneinander festhielten.

Und so saßen sie zusammen am Feuer, umgeben von der Stille der Nacht und den unendlichen Möglichkeiten des Universums. Und während sie in die Flammen starrten und von den Sternen träumten, wussten sie, dass ihre Reise gerade erst begonnen hatte und dass das Abenteuer ihres Lebens noch viele unerforschte Welten und unentdeckte Wunder bereithielt.